돈이
되는
공간

돈이 되는 공간

서울 직장인 강릉에서 에어비앤비로 제2의 연봉 만들다

초판 1쇄 2023년 1월 31일
개정판 1쇄 2024년 9월 19일

지은이 최인욱

책임편집 지은정 **편집** 윤소연
표지디자인 유어텍스트 **본문디자인** 박은진
마케팅 임동건 **마케팅지원** 신현아 **경영지원** 이지원
출판총괄 송준기 **펴낸곳** 파지트 **펴낸이** 최익성

출판등록 제2021-000049호
주소 경기도 화성시 동탄원천로 354-28 **전화** 070-7672-1001
이메일 pazit.book@gmail.com **인스타** @pazit.book

THE STORY FILLS YOU
책으로 펴내고 싶은 이야기가 있다면, 원고를 메일로 보내주세요.
파지트는 당신의 이야기를 기다리고 있습니다.

돈이 되는 공간

최인욱 지음

pazit

추천의 글

트리플(TRIPLE) 창업자, 인터파크트리플 CPO
김연정(메이)

지인들 중에 에어비앤비를 운영하는 사람이 몇몇 있습니다. 그중에서도 호스트로서 최인욱 님이 에어비앤비를 운영하며 갖는 사명감과 즐거움은 남다르게 보였습니다. 3대가 같이 살면서 부부만의 공간과 자기 스타일의 공간을 갖고 싶다는 욕구, 아이들에게 마당을 선물하고 싶은 욕구, 직장인으로 원하는 일을 하면서 경제적 이익도 추구하고 싶은 욕구. 이 세 가지는 도심 아파트에 살면서 아이를 키우고 직장을 다니는 우리 누구나 갖고 있는 욕구이자 바람일 겁니다. 결국 그걸 실행으로 옮기느냐, 아니냐의 차이가 이 책에 담겨 있네요. 저자가 얼마나 꾸준히 그리고 열심히 고민하고 해결해 나갔는지 이 책에 고스란히 담겨 있고, 그 실행력에 다시 한번 감탄했습니다. 여행자를 연구하고, 여행자를 돕는 플랫폼인 트리플을 창업하고 만들어 오면서 저 또한 에어비앤비를 꾸준히 관찰하고 벤치마킹해 왔습니다. 저 역시도 여러 나라와 도시에서 에어비앤비를 이용해 봤습니다. 이 책을 읽으면서 '나를 맞았던 그 공간에도 이런 호스트의 마음이 담겨 있었겠구나' '저자와 같은 사람들 덕분에 에어비앤비가 전 세계 여행자들이 사랑하는 플랫폼이 되었구나'라고 생각했습니다.

최인욱 님이 이번에 16분기 연속 슈퍼호스트가 되었다는 소식을 들었습니다. 이는 주도적으로 자기 삶을 더 나은 방향으로 개선하고 서비스 마인드를 갖춘 서비스 메이커라는 증명인 것 같습니다. 이 책은 에어비앤비 호스트를 하고 싶은 사람들에게 필독서이자 가이드라인이 될 것입니다. 저자의 마음이 고스란히 담긴 강릉 마당집이 더 유명해지기 전에 빨리 예약해서 가봐야겠다는 마음이 듭니다.

추천의 글

온다(ONDA) 창업자, CEO
오현석

N잡러, 파이어족, 조기 은퇴, 긱 이코노미[*]
이 책은 지금의 시대상을 관통하는 위 키워드들에 관심을 갖고 있는 분들의 필독서입니다. 2023년 우리는 그 어느 때보다 불확실성의 시대를 살고 있습니다. 늘어나는 수명과 인구절벽, 저출산과 노령화, 기술로 인해 급변하는 사회구조와 생활방식. 이런 때일수록 기존 사회 시스템의 의존도를 낮추고 자기 자신만의 경쟁력을 키우는 것이 무엇보다 중요한데, 이 책은 시작을 고민하는 사람들에게 도움을 줄 것입니다.

가족, 친구들과 바비큐와 물놀이를 즐기러 이용하던 펜션이

---

[*] '임시로 하는 일(gig)'과 '경제(economy)'의 합성어. 단기 아르바이트, 비정규직 프리랜서 등 필요에 따라 일을 맡기고 구하는 경제 형태를 의미합니다.

IMF를 진후로 급격히 늘었나는 사실을 아는 사람은 많지 않습니다. 도심 근교 여행지에서 살던 사람들이 빈집이나 방을 '민박'이라는 이름으로 개조하여 팔던 것이, 소비력 상승과 정부 주도의 여가 부흥으로 인해 인기를 끌면서 '펜션'이라는 이름을 달고 엄청나게 성장했습니다. 그다음으로 팬데믹을 맞아 독립적인 공간의 여행지를 찾는 고객들의 증가로 독채 펜션과 풀 빌라의 시장이 급격히 성장했습니다. 그다음은 무엇일까요?

끝나지 않을 것 같던 팬데믹도 막을 내리고 BTS나 〈오징어 게임〉 등으로 급격히 위상이 높아진 대한민국을 체험하러 수많은 외국인 관광객들이 한국을 찾고 있지만, 높아진 이율과 자재비 상승 등으로 건설업이 힘들어짐에 따라 관광객들을 위한 객실은 부족해지고 있습니다.

N잡러, 파이어족, 조기 은퇴, 긱 이코노미 같은 키워드에 관심을 갖고 있던 독자들이라면 반드시 이 책을 읽고 에어비앤비를 활용한 자기 주도적이고 독립적이며 경제적으로 더욱 여유로운 삶을 도전하길 바랍니다. 이 책의 저자가 제안하는 여러 가지 노하우와 팁을 정독하고 실천할 용기와 실행력만 있다면, 누구라도 적은 자본으로 '○○ 스테이'의 호스트가 되어 돈도 벌고 멋진 경험들을 해 나갈 수 있을 겁니다.

추천의 글

전 에어비앤비 체험 및 커뮤니티 총괄
정회은

최인욱 호스트님이 슈퍼호스트 앰배서더로, 그리고 한국 최초의 호스트 자문위원회로 활동하시는 모습을 가까이서 지켜보며, 직접 체득하신 인사이트를 더 많은 호스트들과 나누고자 하는 멋진 마음을 가지고 계신 분이라는 걸 알았습니다. 에어비앤비에서 나만의 호스팅을 멋지게 일구어 가시는 모습이 감명 깊어 저 또한 자주 조언을 구하기도 했습니다. 최인욱 호스트님의 따뜻한 시선과 조언이 담긴 이 책과 함께라면 행복이 되는 호스팅, 삶의 의미를 더해주는 호스팅을 모두가 경험하실 수 있으리라 믿습니다.

IT 회사 직장인,
주말엔 마당에서 잡초 뽑으며 살아요

'어떻게 살아야 하나' 늘 고민하는 제겐 '아이들을 어떻게 키워야 하나' '어떻게 부가 수입을 내야 하나'도 중요한 고민거리입니다. 강릉 마당집과 이 책은 그 고민 사이에서 출발합니다.

우리나라는 가구 절반이 아파트에 사는 아파트 공화국이 되었습니다. 마당 있는 집에서 잔디를 가꾸고 아이가 뛰어놀며 텃밭을 가꾸는 일은, 저를 포함한 많은 분들에게는 동화책에서나 있는 일일지도 모르겠습니다.

셋째 아이가 태어나기 몇 달 전, 마당 있는 집을 찾겠다며 강릉에 있는 부동산을 헤맸습니다. 몇 군데를 돌아보고서야 괜찮겠다 싶은 집을 찾았습니다. 아내와 함께 가 본 뒤에 계약을 했고, 그렇게 마당 있는 집의 이야기가 시작되었습니다.

이 책엔 평범한 회사원이 세 아이를 키우면서 마당 있는 집에 살아보고 싶다는 꿈을 이뤄가는 과정과 어설픈 시행착오가 담겨 있습니다. 또 마당에 아내와 둘이 앉아 '우리가 마당 있는 집을 가졌네'라는 소회를 나눴던 일부터, '집이 빌 때는 스테이로 운영하며 원리금을 갚아 나가보자'라는 이상과 현실이 부딪히면서 일어나는 이야기도 담겨 있습니다.

무슨 일이든지 '아이를 키우며'라는 수식어가 붙으면 조금 더 힘들어지지만 그만큼 특별한 스토리가 생기는 것 같습니다. 마당 있는 집도 그랬습니다. 지은 지 27년 된 집을 우리 가족의 것으로 가꿔가며 '이게 맞는 길인가'를 많이 생각했습니다. 이게 맞는 길인지, 틀린 길인지 당장은 알 수 없지만 원하는 길은 맞았습니다. 진짜 그런 일이 생길지는 모르겠지만 입버릇처럼 "우리 부부가 더 나이 들면 살 집은 있지 않겠나"라는 말도 하게 되었습니다.

'강릉 마당집'이라고 이름 붙인 이 집은 많은 경험을 안겨 주었습니다. 온갖 돈을 끌어모아 집을 사는 경험, 단독주택에서 처음 살아가는 경험, 셀프 인테리어를 하는 경험까지. 어디 그뿐인가요. 민박집 사장님 소리도 들었고, 에어비앤비라는 숙박 예약 플랫폼 서비스와 온라인 마케팅도 공부했습니다. 운 좋게 앰배서더(신규 호스트를 돕는 에어비앤비 공식 앰배서더)로도 선정되어 수백 명의 호스트와 밤낮없이 이야기도 나눴습니다. 주말에는 아이들과 강릉으로 달려가 뛰어놀기도 하고, 단독주택의 겨울이 얼마나 매서운지도 알게 되었으며, 돈을 받고 스테이를 제공하는 일의 기쁨과 슬픔도 느낄 수 있었습니다. 스테이를 운영하며 번 돈으로 주택 구입과 인테리어에 들어갔던 대출금도 갚고, 가족들 여행 경비를 마련하고, 매달 생활비에도 보탤 수 있게 되었습니다. 찾아보니 직장인 평균 연봉(2021년 기준)이 4042만 원이라고 합니다. 에어비앤비를 통해 이를 약간 웃도는 수입을 기록해 제2의 연봉을 만들 수 있었습니다. 이제는 출판사에서 제의를 받아 책까지 쓰게 되었네요.

이 책이 나오고 1년 반 동안 저에게도 많은 변화가 있었습니다. 책이 나온 후 서너 달만에 에어비앤비와 같은 개인과 개인이 가치를 교환하는 플랫폼 기업의 제품 담당 임원으로 직장을 옮기게 되었고, 현재는 이 회사의 대표가 되었습니다. 또한 비슷한 시기에 에어비앤비의 추천을 받아 에어비앤비 자문위원Airbnb Host Advisory Board, HAB이 되었습니다. 에어비앤비 자문위원은 전 세계 각국에서 에어비앤비 호스트를 대표하는 호스트를 모아 에어비앤비와 교류하는 명예직입니다. 전 세계에서 23명이 있고 한국에서는 첫 자문위원이 되었습니다.

돌아보면 지금의 회사에 들어가게 된 것도 에어비앤비라는 개

돈이 되는 공간

인과 개인의 플랫폼에서 고민했던 것이 계기가 되다고 생각합니다. 바쁘고 정신 없는 롤러코스터와 같은 삶을 살고 있지만 처음 강릉 마당집을 시작하고 가꾸면서 늘 '나는 IT 회사에서 일하는 사람인데 주말에는 잡초를 뽑고 있네?' '이게 과연 맞는 일인가?'라는 생각을 많이 했습니다. 그러다가 내린 결론은 '의미 있다'였고, 여전히 그렇다고 생각합니다.

'나는 이런 일을 하는 사람인데 저런 일도 잘 할 수 있구나'라는 마음가짐은, 서로 관계없어 보이는 것들이 결국에는 연결되어 내 미래를 만든다는 생각으로 확장되었습니다. 또한 게스트에게 제공하는 호스피탈리티의 자세와 마음은 결국 숙박에서만이 아니라 삶에서 적용된다는 것을 느꼈습니다. 이 점은 여전히 변함이 없습니다. 이것이 첫 책을 내고 개정판을 쓰기까지 1년 반이라는 시간의 돌아보기입니다.

이 책이 언젠가 마당 있는 집에서 살아보겠다는 꿈을 가진 사람들과 내가 꾸민 공간을 게스트에게 내어주고 싶은 사람들 그리고 이 길이 맞는 길인가를 매일 생각하는 사람들에게 작게나마 첫 발걸음을 떼는 계기가 되었으면 좋겠습니다.

2024년 8월, 강릉 마당집에서
최인욱

차례

1 에어비앤비 알아보기   19

4 에어비앤비 느끼기 129
에어비앤비를 운영하며 겪게 된 일들과 만난 사람들

일러두기 ────────────────────────────────────

• 에어비엔비는 자신의 집이나 방을 스테이로 꾸며 온라인상에 올려 두고 여행객에게 빌려
주는 숙박 중계 플랫폼 서비스로, 2008년 미국에서 시작되어 이를 통해 연간 1억 6천만
건 이상의 예약이 이뤄지고 있습니다.

• 이 책에서는 '숙소'를 '스테이'로, '손님'은 '게스트'로, '주인'은 '호스트'로 통일했습니다.

1

에어비앤비
알아보기

호기심 많은 평범한 직장인,
에어비앤비 시작하다

올해로 17년째 직장생활을 하고 있습니다. 창업도 해 보고 여러 번 회사를 옮기기도 하며 마케팅과 프로젝트를 관리하는 일을 해오며 현재는 지금의 회사의 대표로 일하고 있습니다. 원래 이런저런 호기심이 많은 편이라 회사를 다니면서도 뭔가 더 재미있는 것이 없을까를 생각하지만 그렇다고 회사를 박차고 나가서 사업을 시작할 정도는 아닌, 딱 평범한 수준의 호기심 많은 직장인입니다. 지금은 경기도 남양주에 세 아이를 키우고 있습니다.

강릉은 남양주에서 약 200km, 차로 2시간 남짓 걸리는 작은 도시며 아버지가 태어나신 곳이자 강릉 최씨인 저에게 마음의 고향입니다. 2018년 평창 동계올림픽이 개최된다는 놀라운 소식을 접했을 때 '이 작은 도시에서 올림픽이 열리는데 돈을 벌면서 재밌게 할 만한 게 없을까?'란 생각이 들었습니다. 올림픽이 개최되면 외국인 관광객이 많이 방문할 테니 좋은 기회라고 느껴졌습니다. 전세로 주택을 얻으면 부담이 적다고 생각하여 2017년 말, 처음으로 스테이를 오픈했습니다. 당시는 집을 고쳐보고 싶어도 전셋집이라 원하는 대로 공사를 진행할 수 없었습니다. 사정이 있어 전셋집을 다른 분에게 넘기면서 1년도 채 안 되는 에어비앤비 운영을 정리했습니다. 그렇게 경험해 본 에어비앤비 운영 기간을 통해 짧지만 우리 부부가 함께 무언가를 해 볼 수 있다는 걸 느꼈습니다. 언젠가는 제대로 해 보고 싶다는 생각을 했던 것 같습니다. 이후 강릉의 작은 주택을 매입하면서 두 번째 에어비앤비를 시작했고, 2021년에는 셋째 아이가 태어나면서 지금의 강릉 마당집을 준비했습니다.

아내 말에 의하면, 셋째가 태어나자마자 제가 강릉에 내려가 주택을 보고 다니는 모습이 매우 조급해 보였다고 합니다. 많은 가족과 지내며 사라진 우리 부부만의 공간도 꾸미고, 아파트에 살면서 늘 층간소음 걱정에 시달리던 아이들에게 마음껏 뛰어놀 수 있는 공간을 만들어 주고 싶어서일지도 모르겠습니다. 거기다 사용하지 않을 때는 에어비앤비를 운영해 수익을 만들고 싶었습

돈이 되는 공간

니다.

이런 과정을 거치며 지금은 강릉에 있는 27년 된 주택을 리모델링하여 4년째 에어비앤비를 운영하고 있습니다. 이 집에서 세 아이들과 게스트의 가족들이 지내는 모습을 보는 것은 이제 삶의 일부가 되었습니다.

강릉에서 27년 된 단독주택 고른 이야기

강릉 지역의 부동산 가격이 신기록을 세우기 전 2020년, 주택가격 대부분을 대출받아 강릉의 유명한 관광지에 작고 오래된 아파트 한 채를 구입했습니다. 그 아파트를 세컨하우스 삼아 왕래하며 골목골목이 급격하게 상업화되는 것을 지켜봤습니다. 가격이 더 오르기 전에 한 군데를 더 매입해 보면 좋겠다는 조급한 마음이 들었습니다. 이미 가격이 올라버린 곳은 생각할 수 없었고, 아직 가격이 오르지 않은 지역을 찾게 되었는데 그곳이 바로 강릉 마당집이 위치한 연곡連谷입니다. 바다와 인접하고 오대산까지 닿아 있는 독특한 모양을 하고 있는 연곡은 외지인에게는 '연곡 솔향기 캠핑장' 정도로만 알려져 있습니다. 자주 가보지는 않았지만 아버지와 친척분들의 고향이기에 마음속으로 친숙한 곳입니다. 동네분들과 이야기를 나누다가 '아버지가 연곡 초등학교 나오셨어요'라고 말할 수도 있겠다는 생각이 들자, 우선 연곡에 있는 부동산 몇 군데에 전화해서 1~2억 원 정도의, 리모델링하면 가치가 올라갈 만하고, 고즈넉한 동네 분위기를 지닌 매물이 있는지 알아보려 했는데 막상 통화를 하니 의견이 잘 전달되지 않아 직접 가보기로 했습니다.

연곡 지역의 부동산을 돌아보던 날이었습니다. 지도 앱에서 부동산을 검색하니 마을 어귀에 서너 군데가 나왔습니다. 가장 먼저 보이는 곳에 들어갔더니, 70대로 보이는 사장님이 먼저 오신 두 명의 손님과 이야기를 나누고 있었습니다. 대화가 끝나기를 기다렸다가 용건을 말했습니다.

"주택이 있는 100평쯤 되는 대지를 찾고 있고, 가격은 3억 원 이하면 좋겠습니다."

그러자 갑자기 손님 중 한 명이 말했습니다.

"시골에는 100평짜리 땅은 없어요. 500평 정도는 사야 농사도 짓고 쓸 만하지. 그러지 말고 500평짜리를 사세요."

책상에 컴퓨터는 보이지 않았고, 두꺼운 스프링 노트에 뭔가가 빼곡히 적혀 있었습니다. 기분 나쁘게 말씀하신 것은 아니었지만, 그런 매물이 없다는 말에 곧 부동산을 나왔습니다. 열 걸음쯤 가니 다른 부동산이 나왔는데, 거기에서도 똑같은 말을 들었습니다. 역시 70대로 보이는 사장님이 한쪽 구석에 세워 둔 낚싯대를 고쳐 만든 지시봉을 꺼내시더니, 벽에 붙어 있는 연곡면 지도를 가리키며 매물을 설명해 주셨습니다. 같이 가보자고 해서 사장님 차를 얻어 타고는 대략 대여섯 개의 매물을 둘러봤습니다. 모두 이야기했던 조건과 어느 정도 비슷한 범위에 있는 매물들이었습니다. 그리고 마지막으로 본 매물이 바로 지금의 강릉 마당집이었습니다.

처음 만난 이 집의 모습은 지금과 많이 달랐습니다. 그날 본 다른 매물과 비교했을 때 대지 면적도 작고, 관리되지 않아 마당도 밀림처럼 풀이 무성하고 집 내부도 많이 낡아 보였습니다. 하지만 집의 형태는 온전하고 내부 구조는 반듯했습니다. 집 구조를 보강하거나 수정하는 큰 공사 없이 인테리어와 적당한 보수 공사만으로도 눈에 띄게 좋아질 수 있을 만한 집으로 보였습니다. 둘러본 매물 중 가장 상태가 좋지 않아서인지 가격도 가장 저렴했고, 연곡면 국도 진입로와 가장 가깝기도 했습니다. 여러 가지가 마음에 들어 며칠 뒤 아내와 함께 둘러본 뒤에 계약하기로 결정했습니다.

처음 만난 강릉 마당집, 잡초가 무성한 모습

지방에 있는 부동산에서 주택 고르는 방법

연곡에서 나고 자란 친척분들이 어떻게 이런 집을 찾았냐고 신기해합니다. 그러면서 "우리는 연곡을 벗어나고 싶어 안간힘을 썼는데, 너희는 도대체 여기를 왜 다시 찾아 들어왔는지 이해할 수 없다"고 합니다. 그만큼 부모 세대와 우리 세대의 관점이 다르다고도 볼 수 있습니다. 내가 살 수 있는 집이지만, 또 실제로 사는 집은 아니었기 때문입니다.

저는 전문가가 아닙니다. 보는 눈이 특별하지도 않습니다. 적은 경험이지만 시골에서 집을 알아볼 때 두 가지 조언을 하자면 첫 번째는 '온라인을 너무 믿지 말고 일단 방문하자'이고, 두 번째는 '내가 원하는 조건을 명확히 하자'입니다. 사람들은 너무나 당연하게 사고팔 부동산들이 모두 온라인에 등록된다고 생각합니다. 하지만 집주인에 따라, 부동산에 따라 바로 등록되지 않는 주택들은 너무나 많습니다. 많은 곳을 돌아본 건 아니지만, 직접 다녀본 결과 이런 특성들은 지방에서 더 두드러지는 것 같습니다.

강릉 마당집을 찾는 과정을 돌아보면서 경험했던, 지방에서 주택을 구하는 방법에 대해 이야기해 보려 합니다. 원하는 지역인 연곡 부근의 부동산을 찾기 위해 강릉에서 활동하는 부동산 업자의 블로그를 검색해서 약 50명 정도를 이웃으로 등록하고,

올라오는 글들을 한 달 넘게 계속 지켜봤습니다. 그랬더니 몇 가지 특징이 보였습니다. 저는 대지 100평 내외의 너무 크지 않고 저렴한 곳을 원했는데, 올라오는 매물은 대지나 농지가 함께 묶인 200~500평 이상의 큰 매물이 많았습니다. 부동산에서 올리는 것은 주로 거래가 잘 되는 지역의 큰 매물이 많은 것 같았습니다. 아무래도 면적이 크고 거래 금액이 높아야 부동산도 중개수수료를 많이 받을 수 있기 때문에 그런 게 아닌가 싶습니다. 지역별 부동산 협회에서 매물을 모아 등록하는 사이트를 운영하기도 하니 참고해 볼 만합니다.

한동안 온라인을 살펴보며 깨달은 것은, 원하는 지방의 독채 주택은 아파트와 달리 부동산 앱이나 인터넷에서는 찾기가 어렵다는 것입니다. 그래서 연곡면에 있는 부동산을 검색해 전화를 걸어 원하는 주택의 형태, 조건, 금액, 면적 등을 말해 주고 찾으면 연락을 달라고 해 봤습니다. 하지만 실제 전화로만 문의하면 워낙 뜨내기들이 많아서 연락을 잘 안 줄 것 같다는 느낌도 받았습니다.

결국 제가 내린 결론은, 지방에서 독채 주택을 찾을 땐 직접 부동산에 찾아가서 매물을 보여달라고 하는 것이 가장 효과적인 방법이라는 것입니다. 직접 중개인을 만나 이야기를 나눠 보니 지방의 작은 부동산은 매물을 온라인에 전혀 올리지 않는 곳도

돈이 되는 공간

있었습니다.

집을 내놓는 사람이 서울 등 대도시와는 달리 여러 부동산을 거래하지 않고 한 군데에만 매물을 올리는 경우가 있어, 인접한 부동산임에도 보유하고 있는 매물의 정보가 크게 차이 나는 경우도 봤습니다. 따라서 가급적 많은 곳을 돌아보되, 주택의 특성은 매우 다양하므로 어느 정도 나만의 기준을 세워 두고 그 기준에 부합하는지 검토해가며 탐색하는 것이 좋습니다.

부동산에 갈 때 참고하면 좋을 내용입니다.

방문 전: 내가 원하는 부동산을 그려보자
① 왜 부동산을 찾고 있는가?
② 원하는 부동산의 첫 번째 조건은 무엇인가?
③ 부동산과 관련하여 양보할 수 있는 것과 양보할 수 없는 것은 무엇인가?
   (예: 다른 건 몰라도 반드시 아이들이 뛰어놀 수 있는 마당이 있어야 해.)

방문 시: 일단 방문하자
① 무작정 들어가라.
② 어느 정도 의사소통이 잘 되는 곳과 이야기하라.
③ 이런저런 말에 주눅 들지 말고 원하는 조건을 명확하게 이야기하라.

④ 잘 맞지 않는다는 생각이 들면 과감히 나와라.

둘러볼 때: 메모하자

① 여러 곳을 보다 보면 나중에는 무엇을 봤는지 잘 기억나지 않는다. 간략하

게나마 그때그때 메모하라.

② 사진을 찍으면 되겠지 생각하고 임장*하다 보면 거주자가 있는 경우가 있

어 생각보다 사진을 찍기 곤란한 경우가 많다. 그럴 땐 메모를 해야 한다.

③ 부동산에서는 잘 정리해서 보내 주지 않는다. 종이와 펜을 가지고 다니며

직접 메모하라.

마당 있는 단독주택을 고른 이유

누구나 주택을 고를 때 자신만의 기준이 있습니다. 이 기준은
주관적이어서 사람마다 다르다고 생각합니다. 각자 자신의 기준
을 세우고 찾다 보면 반드시 마음에 드는 주택을 찾을 수 있을 거
라 생각합니다.

---

* 임장(臨場)은 현장에 임한다는 뜻입니다. 보통 부동산 분야에서 쓰이는 단어로, '임장한다'는
건 부동산을 사려고 할 때 직접 그 지역에 가서 탐방하는 것을 말하며 '발품판다'는 것과 같은
의미입니다.

저는 주택 신축을 해 보고 싶은 꿈이 있었습니다. 하지만 집을 찾는 것과 집을 지을 땅을 찾아 새롭게 집을 짓는 것은 시간, 노력, 경험 면에서 매우 큰 차이가 있었습니다. 아직은 그럴 만한 시간, 돈, 경험이 부족하다고 판단하여 집을 보는 것과 땅을 보는 것을 분명하게 구분했습니다. 그래서 마당 있는 단독주택을 고르되 '고칠 수 있는 집'을 찾는다는 기준을 세웠습니다. 그 이유는 다음과 같습니다.

① 단독주택은 건물 외관을 담을 수 있어서 스테이의 다양함을 보여 줄 수 있고, 조경, 정원, 야간 조명 등으로 스테이의 매력을 다양하게 보여 줄 수 있다.

② 대한민국 가구의 절반 이상이 아파트에 살고 있어 단독주택은 그 자체로 하나의 로망이 된다.

③ 한 건물에 여러 개의 객실이 있는 호텔이나 리조트와는 달리 한 채를 오롯이 빌릴 수 있는 매력이 있다.

④ 아파트에 사는 사람들이 느껴 볼 수 없는 마당을 경험할 수 있다.

주택을 구매할 때 생각했던 것들

거주

나와 아내, 부모님(지금은 옆 동으로 이사하셨습니다), 세 명의 아이들. 일반 사람들은 어떠한 삶인지 상상하기 어려운 환경일 수도 있습니다. 요새 보기 드문 대가족이니까요. 그래서 저희는 공간에 대한 의미 부여가 남다릅니다. 나만의 공간, 부부 둘만을 위한 공간이 절실합니다. 식구가 많기도 하고 아이가 세 명이다 보니 온갖 살림살이에 육아용품들로 가득합니다. 우리의 공간은 어느새 희생당하기 일쑤였습니다. 어쩌면 셋째 아이를 낳자마자 쫓기듯 강릉을 헤매고 다닌 것은 '공간'을 갖고 싶어서였을지도 모르겠습니다. 가족과 함께 살며 아이를 키우는 것은 분명 고되지만, 행복하고 멋진 일입니다. 그럼에도 우리 부부가 온전히 디자인한 공간을 갖는다는 건 중요한 일이라 생각합니다. 공간을 갖는다는 것 자체도 중요하지만, 공간을 찾고 고민하며 원하는 대로 만들어가는 과정도 의미가 있을 거라 생각했습니다.

우리 부부가 그린 주택의 조건은 다음과 같았습니다.

① 나중에 귀향해서 살고 싶은 집인가?

② 이렇게 저렇게 디자인해서 고쳐보고 싶은 집인가?

돈이 되는 공간

③ 인테리어를 하면 확 좋아질 만한 집인가?

④ (너무 허름한 집은 자칫 철거하거나 리모델링 비용이 많이 들 수 있으므로) 어느 정도 주택의 형태와 기능이 갖춰진 집인가?

인테리어를 시작하기 전, 서로 이런 조건들을 이야기하며 스케치북과 사인 펜을 사 와서 그림을 그리던 아내가 생각납니다. 모든 조건을 다 충족하는 주택은 없겠지만, 부부가 이런 이야기를 함께 나누다 보면 서로의 생각을 알아볼 수 있는 재미와 의미가 있는 기회가 될 겁니다.

예산

돈은 가장 중요한 것 중 하나입니다. 돈이 없으면 모든 것을 시작할 수 없기에 너무나 중요합니다. 지금 가진 돈과 조달할 수 있는 돈, 그리고 앞으로 에어비앤비로 수익 사업을 영위하면서 써야 할 돈까지 사업 계획상의 모든 돈을 따져보는 건 매우 중요한 일입니다.

① 조달 가능한 예산 범위에 해당되는가?

② 대출이 가능한 주택인가?

③ 대지, 주택 중 주택의 가격이 저렴한 곳인가? (실제로 구축의 경우 감정 평

가 금액이 낮습니다.)

인적 네트워크

본인 혹은 부모님 고향에 주택을 마련할 경우, 알게 모르게 정서적 안정감을 느끼거나 네트워크의 힘을 빌릴 수 있습니다. 강릉 마당집 주변 이웃분들은 무려 30~40년을 그곳에 살았는데, 수많은 계절을 보내면서 많은 이들과 여러 사건사고를 겪은 사람 앞에서는 사실 주눅 들기가 쉽습니다. 하지만 외지인이라도 부모님의 고향이라면 이웃이 함부로 대하지 못하는 경우가 있습니다. 다행히 이 동네가 아버지의 고향이어서 고모님의 친구분과 혈연관계가 있는 분을 알게 되어, 주택을 준비하던 초반에 많은 도움이 되었습니다.

처음 집을 계약하고 아내와 둘러보러 간 적이 있었는데, 이웃집 아주머니가 많은 관심을 보이면서 이런저런 이야기를 했던 적이 있습니다. 아주머니는 우리와 마주칠 때마다 잡초 씨앗이 날리지 않도록 마당을 잘 관리하라고 이야기했습니다. 우리 부부는 의욕적으로 집을 관리할 생각이어서 그럴 일은 없을 거라 생각했기에, 처음에는 반갑다가도 자꾸 그런 말을 듣다 보니 조금 부담스럽기도 했습니다. 그러다 며칠 후, 강릉 마당집의 청소와 관리를 도와주실 고모님이 집을 보러 오셨을 때 이웃집 아주머니도 이야기를 하러 왔습니다. 연세가 훨씬 많은 고모님이 일종의 '호구조사'를 하다 보니, 이 동네의 거의 대부분의 사람은 고모님의 친구의 동생이거나 후배였습니다. "형님이시네요" 하며 웃는 이웃집 아주머니를 보면서, 이전에 부담스러웠던 마음은 사라지고 괜히 기분이 좋았습니다.

다만 모든 분들이 이처럼 인적 네트워크를 가질 수 있는 것은 아닐 겁니다. 또한 반드시 필요한 것도 아니라고 생각합니다. 인적 네트워크가 없어도 시간을 가지고 충분히 만들어 나갈 수 있을 거라 생각합니다.

환경

내가 살고자 하는 집과 스테이로 운영할 집은 여러모로 다릅니다. 우선 농어촌민박 허가를 받을 수 있는 읍면 지역이 유리합니다. (2024년 7월 에어비앤비에서 발표한 내용에 따르면, 2024년 말부터 에어비앤비에 신규로 등록하는 숙소는 반드시 숙박 허가증을 제출해야 한다고 하니 허가가 가능한 지역과 주택인지 반드시 알아보는 것이 중요합니다.) 근처에 바닷가나 관광지, 이른바 핫플레이스가 있는 곳이 좋습니다. 꼭 걸어서 갈 수 있을 만큼 인접하지 않아도 괜찮습니다. 차로 10분 정도 거리에 있다면 충분합니다. 물론 살기 좋은 곳이 결국 스테이로도 좋은 곳입니다. 살기 좋은 곳의 조건은 여러 가지가 있겠죠. 마트, 24시간 편의점, 약국 같은 편의시설과 상업시설이 근처에 있고, 큰 도로와의 접근성, 쾌적한 거리, 너무 멀거나 혹은 너무 가깝지 않은 이웃과의 거리 등이 있습니다.

① 농어촌민박업 혹은 외국인관광 도시민박업 등 숙박업 허가가 가능한 곳 (주택)

② 사람들이 오랜 기간 살아온 곳

③ 차로 이동하더라도 주변에 대형마트나 지역에서 운영하는 큰 규모의 마트가 있는 곳

④ 약국이나 병원이 차로 금방 이동할 수 있는 거리에 있는 곳

에어비앤비, 규제를 넘어 관광 인프라로 인정받다

인스타그램이나 페이스북에 #감성숙소 #독채숙소 #스테이폴리오 #에어비앤비 등의 키워드를 검색해 보면 수십 년 된 주택을 리모델링한 스테이나 수영장이 딸린 단독주택 등 눈길을 사로잡는 곳들이 쏟아집니다. 그런데 이런 스테이가 과연 합법적으로 운영되고 있을까요? 호텔, 모텔, 펜션 등 숙박업을 전제로 건축된 시설이 아닌 일반 주택이 숙박업을 운영할 수 있는 방법은 몇

업종	관련법	특징/대상	비고
농어촌민박업	농어촌정비법	주로 읍/면, 농어촌 지역	내외국인 가능
외국인관광 도시민박업	관광진흥법	서울에 집중	외국인만 가능
한옥체험업	관광진흥법	한옥	내외국인 가능
숙박업	공중위생관리법	상업지역	내외국인 가능
호스텔업	관광진흥법	지정 지역	내외국인 가능

에어비앤비 운영에 필요한 허가 종류와 특징

가지가 있습니다.

우선 농어촌 지역의 주택은 농어촌민박 허가를 받아야 숙박업 운영이 가능합니다. 이 경우 내외국인을 모두 게스트로 받을 수 있습니다. 농어촌민박업의 본래 취지는 농어촌 주민들이 농한기, 어한기에 수입을 보존하려는 목적으로 내어주는 것입니다. 이때, 주인이 같은 집에 거주하거나 인근에 거주해야 한다는 단서가 붙습니다.

주택이 한옥이라면 '한옥체험업'으로 허가받을 수 있습니다. '전통문화'의 보존 관점에서 허가가 나며, 전통놀이 문화를 체험할 수 있는 여건이 주어져야 합니다. 간혹 리모델링을 하면서, 굳이 어울리지도 않는데 천장 대들보를 살린다거나 한옥 외형을 살리는 집은 바로 이 한옥체험업을 받기 위한 목적이라고 봐야 합니다. 이 경우 내외국인 모두 게스트로 받을 수 있습니다.

농어촌도 아니고 한옥도 아닌, 시내에 리모델링한 단독주택이 있는 경우도 많습니다. 이러한 경우에 가능한 것은 '외국인관광 도시민박업' 허가밖에 없습니다(공식 사이트에서 스테이명과 해당 허가 여부 조회도 가능합니다). 다만, 현재까지 외국인관광 도시민박은 이름에서 볼 수 있듯 '내국인을 받을 수 없는 것'이 특징이고, 외국인 대상으로도 연 180일 이상 영업할 수 없습니다.

에어비앤비가 한국에 들어온 지 10년이 지나고, 정부에서 공유숙박업 활성화를 위한 논의를 시작한 2016년 이래 에어비앤비와 공유숙박을 둘러싼 정책과 규제가 드디어 변화하는 움직임이 나타나고 있습니다. 오랫동안 에어비앤비와 정부의 정책, 이를 둘러싼 여러 집단의 움직임을 지켜본 저에게는 이번 변화의 움직임이 꽤 큰 움직임으로 보입니다. 2024년 에어비앤비 발표에 따르면 2024년 10월부터는 에어비앤비에 신규 스테이를 등록할 때, 숙박 허가증을 등록해야만 등록할 수 있고, 2025년 10월부터는 기존에 등록된 스테이도 숙박 허가증을 등록하지 않으면 에어비앤비 상에서 스테이를 삭제하겠다고 밝혔습니다.

한편, 정부가 내수 활성화를 위해 내국인도 도심에서 공유숙박을 이용할 수 있도록 규제를 완화한다는 기사가 나왔습니다.

돈이 되는 공간

아직은 정해진 것은 아니지만 주인이 해당 스테이에 거주하지 않거나, 인근 주민의 동의를 생략하는 규제 완화도 검토한다고 합니다. 에어비앤비를 통해 스테이를 제공하는 경우가 많아지고 이런 스테이들이 여행객의 수요를 만족시켜 적절한 수요와 공급이 이뤄져 관광산업 성장에 도움이 된다고 판단하는 것 같습니다. 즉 에어비앤비와 호스트도 관광산업의 인프라로 당당히 인정받게 될 것으로 생각합니다.

에어비앤비, 어디에서 시작해야 할까?

반드시 집 근처일 필요는 없습니다. 집과 멀리 떨어진 곳에서도 시작할 수 있습니다. 사실 거리보다 더 중요한 것은 '입지'라고도 불리는 '위치'입니다. 살고 있는 집에서 가까운 곳보다, 차라리 멀어도 사람들이 많이 찾거나 주변에 관광지가 있는 곳이 수익 면에서는 더 좋습니다. 아무리 시설이 좋아도 사람들이 그곳에 갈 이유가 없다면 여행지로 선택되지 않을 가능성이 높아집니다. 물론 입지가 관광지와 가깝지 않더라도 스테이를 만들고 운영할 수 있는 방법은 있습니다. '호캉스'라는 말도 있듯이 스테이 자체가 여행 목적지가 되어서 게스트를 불러 모으는 곳도 얼마든지 있습니다. 이 책에서는 개인이 적은 자본을 들여 부업으로 해 볼 수 있는 숙박 서비스를 전제로 하기 때문에 입지를 능가하는 건물을 짓는 것은 예외로 하겠습니다.

'어디에서 시작해야 할까?'라는 질문에 가장 좋은 대답은 호텔 주변입니다. 주요 장소의 호텔을 찾아보고, 에어비앤비 앱에서 주변 지도를 살펴보면 생각보다 많은 것을 알 수 있습니다. 얼마나 많은 스테이가 모여 있고 요금은 얼마 정도로 형성되어 있는지, 대략의 예약 현황을 볼 수도 있고, 스테이 후기를 살펴보면 사람들이 무엇을 기대하고 어떤 것에 만족을 느끼는지도 짐작해 볼 수 있습니다. 관심이 가는 지역을 에어비앤비에서 미리미리 둘러보는 것을 추천합니다. 에어비앤비에는 지역을 검색하면 대략의 수입을 예측해 보고 주변의 스테이를 둘러볼 수 있는 기능이 있습니다.

반드시 집 근처일 필요는 없지만 충분히 오갈 수 있는 곳이면 더 좋고, 살기 좋은 한적한 곳보다는 관광객이 많이 모이는 관광지가 좋습니다. 즉 외국인이 많이 거쳐가는 마포, 명동, 한남동, 종로가 좋고 우리나라 사람들이 휴가로 많이 찾는 각종 관광지가 좋습니다.

돈이 되는 공간

농어촌 시니어들이 내어준 빈방에
게스트가 찾아갈까?

강릉 마당집을 꾸미던 해 여름, 울타리 공사를 했습니다. 울타리 업체 사장님과 대화를 나누다가 민박집을 운영하고 있다는 이야기를 하게 되었습니다. 사장님은 "1박에 15만 원 정도 받나요?" "주말에는 방이 다 차나요?" 등 어느 정도 숙박업에 대해 아는 듯한 질문을 했습니다. 그러고는 핸드폰에 담긴 자신의 집 사진을 보여 주었습니다.

강릉 사람들이 전원주택을 지어서 살고 싶어 한다는 보광리에 35평과 18평 크기의 집을 연이어 짓고, 18평 집을 민박으로 운영해 볼까 싶어 농어촌민박 허가까지 받았는데 그다음 어떻게 해야 할지 모르겠다고 했습니다. 마당집을 정리하고 나오면서 아내와 아이들과 함께 사장님 집에 들렀습니다.

그 집은 사람 통행도 거의 없고, 새소리와 물소리만 들리는 대관령 휴게소 산자락에 있었습니다. 사장님은 충청도 사람인데, 일 때문에 강원도에 다니다가 아예 이곳에 자리를 잡았다고 합니다. 기술자인 사장님의 솜씨가 집 안팎 여기저기에서 보였습니다. 사모님은 야생화 수백 포기로 정원을 가꾸어 놓았는데, 웬만한 화초는 직접 삽목으로 번성시켰습니다.

벽돌로 지은 단층집 한 칸은 바닥에 아궁이를 만들어 나무 장작을 때어 온돌을 데우고, 그 숯불로 고기를 굽는 등 시골스러운 경험도 가능하게 만들어 두었습니다. 게스트가 오면 고기도 구워 주고, 직접 재배한 100평 넘는 야생화 정원도 보여 주고, 그해 계곡에 만든 데크에서 식사도 할 수 있게 해 준다며 소개하는 사장님의 표정에 기대감이 묻어납니다.

스테이에서 가장 중요한 조건은 '입지'입니다. 스테이가 '어디에 위치하는지'가 가장 중요하고, 그다음은 '스테이의 기능'에 충실해야 합니다. 이 두 가지를 갖춰야 게스트들이 많이 찾는 스테이가 됩니다. 최근에는 입지가 좋지 않아도 사람들이 좋아할 만한 요소를 잘 담아 스테이를 운영하는 경우도 많습니다. 인스타그램 같은 SNS에서 감성 표현을 하는 사람들이 찾아와 SNS에 사진을 올릴 만한 그런 스테이들이지요. 그런 면에서 사장님 집은 좋을 수도, 좋지 않을 수도 있습니다. 도심과 관광지와 떨어진 곳이라 그 자체를 좋아하는 사람들에게는 방문할 만한 이유가 되겠지만 스테이를 중심으로 관광지, 쇼핑, 맛집 탐방을 다니는 사람들에게는 선택받기 어려운 곳 같았습니다.

또한 스테이의 특성 중 가장 중요한 것은 바로 '프라이버시 보호'인데, 이 집은 그러한 점에서 부족해 보였습니다. 스테이 바로 옆에 약 1.5m 정도 높은 대지 위에 주인집이 있다는 점, 그리하

　　　　　　　　돈이 되는 공간

여 게스트가 감시당하고 있다는 느낌을 받을 수도 있는 점, 그리고 여러 프로그램이나 서비스를 적극적으로 제공하고 싶어 하는 시니어의 선한 마음이 자칫 게스트에게는 마냥 좋다고만 느껴지지 않을 수도 있겠단 생각이 들었습니다. 지금 생각하면, 울타리 업체 사장님이 마련한 스테이에 정작 게스트를 위한 울타리가 없다는 점이 참 특이했습니다.

호스트의 매출 기대 수준도 당장은 높지 않았습니다. 지방의 잠재 시니어 호스트들을 몇 명 만나보면 대체로 비슷한 생각을 하고 있었습니다. '조금이라도 수익을 낼 수 있다면, 없는 것보다야 좋지 않겠나' 하는 생각입니다. 그들은 아무것도 하지 않으면 한 푼도 벌 수 없지만, 시작하면 조금이라도 수익이 생기니 좋다는 생각을 합니다. 물론 이 점은 적극 동의합니다. 돈도 돈이지만 공간과 노동을 제공해 가치를 창출하는 모든 과정이 가치 있다고 생각하기 때문입니다.

그런데 사장님 내외분과 이야기를 나눠 보니 사모님의 생각은 조금 달랐습니다. 유튜브를 보며 직접 수백 가지 야생화를 재배하고 번식시킨 센스 있는 사모님의 표정에는 "한번 해 보지, 뭐" 하는 사장님의 태도와 달리 말하지 못하는 두려움이 보였습니다. 사모님은 이미 숙박업을 하고 있는 유튜버들의 영상을 많이 찾아보고, 그 과정에서 어떠한 다양한 일이 일어나고 있는지를 꼼꼼히 살펴봤기에 선뜻 결정을 내리지 못하는 상태였습니다. 두 사람이 아직 합의를 보지 못한 겁니다.

사실 이런 경우는 많습니다. 누구나 식당에 가서 밥을 사 먹지만 선뜻 내가 만든 음식으로 식당을 차리기는 어려운 것처럼, 누구나 여행에 가서 숙박을 하지만 막상 공간을 꾸미고 사람을 모으고 게스트를 맞아 접대하는 것을 두려워합니다. 해 보지 않았으니 당연히 어렵게 느껴질 테지요. 그런 이유에서 자식은 부모의 숙박업 시작을 반대하고, 부부 중 한 사람은 두려워하는 경우가 왕왕 있습니다.

농어촌민박의 취지는 남는 방을 게스트에게 내어줌으로써 농·어번기 이외의 시기에 부가 수익을 올릴 수 있게 하려는 제한적인 허가 제도입니다. 숙박업의 범주에 속하기는 하지만, 정확하게는 숙박업뿐만 아니라 일반 주택으로도 활용할 수 있습니다. 단, 주인도 함께 거주해야 합니다.

농어촌 시니어들이 내어준 빈방에 게스트들이 찾아갈까요? 생각해 볼 만한 질문입니다. 농어촌민박을 준비하는 사람들이 해시태그 몇 개만 검색해도 엄청나게 쏟아지는 아이템들을 본다면 어떤 생각이 들까요. 이들과 싸우고 경쟁해서 방을 팔아야 한다면, 과연 시장에 뛰어들 수 있을까요? 인근에 거주하면서 언제든 게스트가 들어올 채비를 갖춰 두고, 방이 팔리기를 기다리고 있는

돈이 되는 공간

시니어 호스트에게 농어촌민박 제도가 도와줄 수 있는 것은 없어 보입니다. 남편은 일단 방을 팔아보자는 생각이겠지만, 아내는 집에서 하루 종일 준비해 둔 빈방을 보며 방이 팔렸냐는 남편의 질문에 걱정할 수밖에 없습니다. 쏟아져 들어오는 감각적인 20~30대 젊은 창업자들의 열정과 노년에 자리 잡고 부수입을 얻고 싶은 시니어들의 소망 차이는 얼마나 클지 잘 모르겠습니다.

환대해 준 사장님 부부에게 잘 합의해서 연락 달라고 말하고 우리 가족은 길을 나섰습니다. 두 분에게 어떻게 이야기를 해드려야 할지는 아직 정하지 못했습니다.

2

에어비앤비
준비하기

주택 인테리어는 어떻게 해야 하는 걸까?

인테리어 시장은 코로나를 거치며 2배 이상 성장해 약 60조 원에 달하는 큰 시장입니다. 인테리어에는 너무나 다양한 상황과 목적이 있기 때문에 정답은 없습니다. 당연히 저렴하게 공사를 할 수 있다면 좋겠지만 '돈을 적게 들이는 것만이 좋은 방법인가'란 질문에 꼭 그렇다고 할 수는 없습니다.

제가 해 본 인테리어는 7평 상가 초저가 셀프 인테리어, 19평 아파트 에어비앤비로 꾸미기(시공을 제외하고 디자인만 하는 일명 '셀프 인테리어 디자인'), 대지 70평, 건평 18평, 마당 70평 내외부 리모델링 및 마당 셀프 인테리어 디자인 정도입니다.

인테리어는 설계, 디자인, 각종 시공업체 섭외, 조율, 견적, 시공 감리 등으로 구성됩니다.

예를 들어, 아파트 또는 주택 인테리어를 한다면 다음과 같은 사항들이 해당됩니다.

① 벽, 단열, 벽지

② 보일러, 바닥 시공, 장판/마루

③ 창호(내부, 외부)

④ 천장, 파티션 등 목공

⑤ 주방 가구(싱크대) 제작

⑥ 욕실 수전, 설비, 미장, 욕실 가구

⑦ 욕실, 주방, 현관 베란다 등 타일 작업

⑧ 전기, 배선, 조명

⑨ (주택의 경우) 정화조, 하수도

⑩ (주택의 경우) 경계 공사, 석축, 보강토, 복토 등의 마당 공사

⑪ (주택의 경우) 대문, 울타리 및 조경, 파티오 등

⑫ (주택의 경우) 건물 외장 도색 또는 외장재, 외부 조명

⑬ (주택의 경우) 옥상 방수, 지붕

⑭ (주택의 경우) 외부 CCTV

⑮ 각종 조명, 전자기기, 가전제품을 외부에서 스마트폰으로 컨트롤할 수 있
  는 IoT 설비

인테리어 업자는 이 같은 작업 중에서 한두 가지의 전문성을 지닌 채 서로 일을 주고받으며 전체적인 시공 및 감리 등을 할 수 있고, 견적과 일정 등을 관리할 수 있는 업체라고 보면 됩니다. 인테리어 업자의 수입은 자재비, 인건비, 수수료 등으로 구성되며 본인이 직접 공사를 하지 않는 경우에는 해당 업체의 공사비에 마진을 붙여 견적을 내기도 합니다. 이때, 인테리어 업자가 직접 자재를 발주하고 목수, 전기 전문가 등을 고용할 때는 소비자 입장에서 더 저렴하게 견적을 받을 수 있습니다. 따라서 인테리어 업자가 모든 작업을 다 외주로 맡기는 것보다 직접 시공하는 작업이 많을수록 본인의 수수료는 커질 수 있지만 결과적으로는 중간 마진이 줄어서 소비자 견적도 줄어듭니다.

인테리어 업체와 견적 미팅을 해 보면 생각지 못한 부분의 질문을 받을 때가 많습니다. 따라서 미리 집 안 구석구석을 돌아보며 원하는 디자인, 콘셉트를 명확하게 설명할 수 있는 기준과 전체 예산 범위를 미리 세워 두어야 초반부터 이리저리 휘둘리지 않을 수 있습니다.

그렇다면 거주용 주택과 스테이 인테리어는 어떻게 다를까요? 내가 살 집과 스테이의 인테리어는 그 목적과 구상부터 꽤 차이가 납니다.

어설프지만 원하는 것을 담아 인테리어 사장님께 전달한 계획서

거주용 인테리어는 수납, 효율, 절전, 무난함, 싫증 방지, 내구성, 저렴함, 관리 용이성 등을 추구하지만, 스테이는 얼마나 사진이 잘 나올 수 있는지, 얼마나 덜 효율을 추구하면서도 멋스러운지, 얼마나 과감하고 독특한 디자인을 했는지 등 실제 많은 사람들이 거주하는 곳과 차별되는 것이 오히려 좋을 수 있습니다.

당연한 이야기지만, 매일 살고 있는 집과 비슷한 곳에 돈을 주고 숙박을 하는 사람은 적습니다. 따라서 스테이 전용 인테리어 업자나 설계 또는 디자인만 하는 업체를 구하는 것도 매우 좋은 방법이지만, 이때 설계비가 별도로 청구되며 보통 가정집에서 사용하는 자재, 업체와 달라 일반적인 견적과 차이가 있을 수 있습니다. 결국 스스로 콘셉트와 디자인을 정하고 일반 인테리어 업체에게 최대한 설명한 뒤 그대로 작업을 진행하는 것도 좋은 방법입니다.

스테이를 오픈할 때 대출금이 있는 경우, 금융 비용인 이자는 대출과 동시에 발생하므로 공사 이후에 스테이를 가동하여 얻는 수익보다 이자 지출이 먼저 생깁니다. 따라서 이를 감안하여 여유 있는 자금 계획이 필요합니다.

	사는 집	스테이
인테리어 콘셉트	일상, 실용, 채우기, 무난함, 기능, 안정감, 내구성	비일상, 아름다움, 비우기, 감성, 과감함, 독특함, 인스타그래머블(Instagramable)*

사는 집과 스테이의 인테리어 차이

* Instagram(인스타그램)과 -able(할 수 있는)의 합성어로 '인스타그램에 올릴 만한'이라는 뜻이며, 주로 시각적으로 자신의 감성과 특별함을 과시하고 싶은 문화와 마케팅 트렌드를 의미합니다.

인테리어 전 침실의 모습과 아내가 스케치한 침실 그림

인테리어를 마친 침실

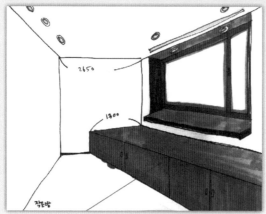

인테리어 전 작은 방의 모습과 아내가 스케치한 작은 방 그림

인테리어를 마친 작은 방

2020년, 아내와 꾸몄던 19평 아파트

강릉 마당집 리모델링 전(위), 리모델링 후(아래)

강릉 마당집을 리모델링할 때 생각했던 것들

강릉 마당집을 계약한 후 아내와 함께 마음먹은 것은 우리 부부 손으로 처음부터 끝까지 직접 꾸며보자는 것이었습니다. 우리 아이들이 좋아할 만하게 꾸미면 아이들에게도, 우리 집을 찾는 게스트에게도 좋겠다는 생각이었습니다. 무엇보다 우리 부부는 아들 셋을 키우고 있으니 다른 부모들의 마음을 조금이라도 더 잘 알지 않을까 생각했습니다. 비록 전문가는 아니지만 인테리어와 익스테리어 모두 시골집의 포근함과 모던한 감각을 둘다 표현하면서도, 아이들과 안전하고 편안하게 지낼 수 있는 공간을 만드는 것을 콘셉트로 잡았습니다.

복도와 계단에 무릎 정도까지 오는 낮은 콘크리트 난간을 제거하고, 아이들의 가슴 높이까지 오면서도 시야를 확보할 수 있는 철제 난간으로 교체했습니다. 아이들이 뛰어놀고 의자를 끌어도 괜찮을 만한 튼튼한 강화 마루도 깔았습니다.

겨울에도 아이들이 물을 받아 놓고 물장난을 하며 목욕할 수 있게 욕실에는 욕조를 만들었고, 춥지 않게 바닥에도 보일러 배관을 했습니다. 소품은 너무 많거나 복잡하지 않되 아이와 함께 지내기에 필요한 것들을 두기로 했습니다. 아이와 함께 다니면 여벌 옷이 많이 필요하고 옷을 갈아입히는 일이 잦으므로 짐을 줄

일 수 있게 세탁기와 건조기를 두고, 생수를 구입할 필요 없게 정수기를 설치하되 혹시나 아이가 실수로 만지지 않도록 아예 온수가 나오지 않는 제품을 두었습니다. 침실에 누워서 아이들과 영화 감상을 할 수 있게 프로젝터도 달고, TV는 두지 않았습니다.

강릉 마당집에는 이름처럼 꽤 넓은 마당이 있습니다. 아파트에 살던 아이들이 마당에서 캠핑 분위기를 느낄 수 있다면 좋을 것 같았습니다. 잔디를 깔고, 자그마한 축구 골대도 놓았습니다. 어스름한 저녁부터 캠핑 분위기를 낼 수 있도록 약 40개의 스트링 라이트 전구도 설치했습니다. 풀이 있으니 풀벌레가 찾아와 아이들이 잡느라 신나게 뛰어다니기도 합니다. 아빠가 아이를 위해서 뚝딱뚝딱 캠핑 준비를 할 수 있게 간단한 캠핑용품도 준비해 두었습니다. 다만 2년간 잡초와의 전쟁을 벌인 후, 더 이상 풀이 올라오지 못하게 마당 절반을 콘크리트로 덮는 공사를 했습니다.

처음 이 집을 만났을 때 좋은 점 한 가지는 한적한 시골 동네의 외길 가운데 있다는 것이었습니다. 이웃과 택배 기사님 외에는 유동인구가 거의 없어 누구와도 마주치지 않고 온전히 나와 가족만의 시간을 보낼 수 있는 점이 좋습니다. 스테이에 가장 중요한 것 중 하나는 프라이버시이므로 게스트가 머물면서 주변 시선을 의식하지 않도록 마당 주변 사방에 1.2~1.5m 높이로 울타

인테리어 전 침실의 모습

인테리어 후 침실의 모습(창문을 크게 만들어 개방감을 주다)

강릉 마당집을 매입하기 직전 마당 끝에서 바라본 모습, 사람 키만한 잡초가 무성하다

공사를 마치고 마당에서 바라본 모습, 잔디를 깎고 곤충을 잡는다

리를 설치했습니다.

결국 우리 가족이 원하는 것이 게스트에게도 좋겠다는 결론에 닿았습니다. 안전, 마당, 프라이버시가 강릉 마당집을 꾸밀 때의 콘셉트입니다. 집을 알아볼 때 자신의 콘셉트를 가지고 살펴보는 것이 좋습니다.

쇼핑은 생각보다 힘든 일*

에어비앤비를 위한 공간을 마련하고 인테리어를 하면서 가구, 가전, 소품을 구매할 즈음이 된 사람들은 공감할 겁니다. 아마도 다음 두 가지 모습 중 하나에 속하거나, 둘 다에 해당될 겁니다.

첫 번째는 사야 할 리스트를 만들어 최저가를 찾고 할인 쿠폰, 신용카드 등 온갖 싸게 사는 방법을 찾느라 혈안이 되고 지쳐 있는 모습입니다. 아무리 작은 공간이라도 사야 할 물건이 정말 많습니다. 스테이를 운영한 지 얼마 안 되어도 운영 시 필요한 집기나 소품 등은 계속 생기기 때문에 구매 행위는 쉽게 끝나지 않습니다. 사고 싶은 물품을 장바구니에 넣어 두고 가격 때문에 결제 버튼을 누를까 말까 고민할 겁니다.

두 번째는 결제와 구매를 수없이 반복함으로써 물건 사는 일에 무덤덤해지는 모습입니다. 제법 큰 금액도 고민 없이 결제하는 자신에게 놀라기도 할 겁니다. 고민은 배송만 늦출 뿐이지, 어차피 큰돈을 들여 공간을 마련하고 인테리어를 했으니 소품도 구색을 잘 갖춰야 한다는 마음이 드는 것이지요.

전 아직 값비싼 전자제품과 가구나 소품을 사보지는 않았지만, 그래도 마음에 들고 강조하고 싶은 소품은 큰맘 먹고 구매한 적이 있습니다. 180cm에 이르는 커다랗고 두툼한 원목 테이블이었는데, 가격이 조금 비싸도 마련해 두면 오랫동안 만족하며 사용할 수 있고 게스트들이 몇 번만 숙박하면 그 비용을 회수할 수 있다고 생각했습니다. 이런 생각이 든다면 너무 오래 고민하지 말고 스테이 준비를 기회 삼아 신나게 쇼핑을 즐겨보는 것도 준비 과정을 좀 덜 힘들게 보내는 방법입니다.

* **쇼핑할 때 참고하면 좋은 곳**
  - 이케아: 스웨덴에서 설립된 세계 최대 가구 회사이며 많은 사람들이 좋아하는 스타일의 제품이 있습니다. 작은 가구, 조명, 소품을 고르기 좋습니다.
  - 마켓비: 한국 소품, 가구 업체이며 모던한 디자인이 특징입니다. 할인 판매를 종종 하니 참고해 보면 좋습니다.
  - 오늘의 집: 인테리어에 관심 있는 사용자들이 직접 자신의 공간을 업로드하고 사례를 공유하는 서비스입니다. 월 300~400만 명이 사용할 정도로 활성화되어 있고 다양한 참고 사례를 발견할 수 있고 구매 정보도 제공합니다.

스테이에 적어도 한 가지는 좋은 아이템을 두자

별장이나 스테이를 꾸미면 당연히 주택 구입에 가장 큰 자금이 들어갑니다. 게다가 인테리어를 한다면 적지 않은 돈이 들어가지요. 주택을 저렴하게 매입할수록, 주택의 상태가 좋지 않을수록, 멋진 인테리어를 구상할수록 인테리어 비용은 점점 늘어납니다. 주어진 예산 내에서 인테리어를 마무리하는 것도 중요하지만, 막상 인테리어를 하다 보면 자꾸 부족한 점이 눈에 들어오고 욕심이 생겨 예산을 초과하는 일이 빈번하게 일어납니다. 힘겹게 인테리어를 마쳤다면 곧바로 가구, 전자제품, 집기, 소품들로 공간을 채우고 꾸미게 되는데, 나 혼자 사용하는 별장이라면 천천히 채우거나 여기저기 남는 물건으로 얼기설기 채울 수 있겠지만 스테이로 꾸미는 것이라면 좀 더 신경을 쓰게 되지요. 애초에 생각했던 인테리어 콘셉트를 살려 가구나 집기를 고르다 보면 추가 비용이 적지 않게 들어갑니다.

강릉 마당집 이전의 공간인 방 2개가 있는 19평 스테이를 꾸밀 당시, 소품 선택은 최소한으로 하겠다고 정했습니다. 작은 공간임에도 침대부터 에어컨, 탁자, TV, 세탁기, 건조기 및 소소한 소품을 최소한으로 채우는 데만 수백만 원이 들어갔습니다. 강릉 마당집을 꾸밀 때는 거의 2천만 원이 들어갔습니다. 돈은 거의 바닥났는데, 그렇다고 채워야 할 집기나 소품을 생략할 수는 없는 노릇이지요. 이때가 각 품목별로 저렴한 제품을 찾게 되는 순간입니다. 계속 검색하고, 각종 쿠폰이나 할인 혜택을 찾아봅니다. 장바구니에 담았다가 끝내 결제 버튼을 누르지 못하는 경우도 많았습니다.

이때 느낀 것이 있습니다. 기왕이면 좋은 것 한 가지는 스테이에 놓자는 것입니다. 테이블이든, 고급 전자제품이든 상관없습니다. 모든 소품들을 다 좋은 것으로 채우는 건 너무 부담되지만, 그렇다고 모두 저렴한 것으로만 채우면 매력도가 떨어집니다. 좋은 아이템을 들이면 다른 스테이와 차별되어 게스트의 이목을 끌 수도 있고, 숙박 한두 번이면 회수할 수 있는 금액이니 한두 가지 아이템은 좋은 것으로 두는 게 좋습니다. 개인적으로는 식사 및 독서, 차를 마시며 손에 닿고 자주 사용하는 거실 테이블을 추천합니다. 스마트폰과 연결해서 좋은 음질로 음악을 들을 수 있는 감성적인 디자인의 블루투스 스피커도 좋겠네요.

원격으로 운영하는 IoT 제품으로
스마트하게 스테이 꾸미기

저는 서울 강남 부근의 직장을 다니고 아내도 일을 하기 때문에 아이 셋을 키우는 것만으로도 바쁩니다. 게다가 서울에서 강릉까지의 거리는 200km가 넘어 당연히 자주 들리기 어렵습니다. 보일러나 전등을 켜 두었다고 달려가서 끌 수도 없는 노릇입니다. 스테이를 운영하다 보면 하우스키핑housekeeping 말고도 여러 시설을 관리해야 하는데, 이런 부분은 제가 할 수 있는 부분만 손을 대기로 했습니다. 한번 시작하면 손이 많이 가는 것들이 아닌, 처음부터 '원격으로 할 수 있는 것만 하자'라는 원칙을 세웠습니다.

강릉 마당집 이전의 스테이를 오픈했을 때만 해도 준비를 못 했지만 단독주택을 매입하면서는 초기 설비 단계에서 IoTInternet of Things(사물인터넷) 제품도 같이 도입했습니다. 예를 들어, 보일러나 에어컨이 켜져 있을 때 직접 끌 수 없는 경우가 많고, 그렇게 되면 전기 요금이 많이 나오니 보일러나 냉난방부터 도어락, 조명까지 모바일로 원격제어를 할 수 있게 했습니다. 앱에서 한 번 터치하면 200km 떨어진 강릉 스테이에서 반영되니 안 할 이유가 없지요. 당연히 전문 업체에 의뢰하면 편하겠지만 비용이 많이 들기 때문에 가급적 직접 찾아보고, 안정적이면서도 저렴하게 설치하려고 했습니다.

어떤 제품을 어떻게 설치했는지 간단하게 소개하겠습니다.

IoT 디지털 도어락

한국의 디지털 도어락 보급률은 무려 80%로, 전 세계에서 가장 높다고 합니다. 열쇠를 사용하지 않고 번호만으로 문을 열고 닫는 편리한 특성과 전자기기를 친숙하게 받아들이는 한국인의 성향이 그 이유인 모양입니다. 대부분의 디지털 도어락은 비밀번호를 자주 변경하지는 않습니다. 하지만 스테이처럼 매번 다른 게스트가 오는 경우에는 그때마다 번호를 바꿔 주는 것이 안전한 운영에 도움이 됩니다. 그래서 원격으로 도어락 번호를 수시로 변경할 수 있는 IoT 디지털 도어락 제품을 찾아보았습니다. '견고한 제품' 'IoT 원격 작동 안정성'을 중요하게 따졌습니다.

제가 구입한 것은 '라맥스 IoT 도어락'입니다. 한국 기업에서 개발했는데, 업력이 꽤 되고 디자인도 괜찮아 구매하게 되었습니다. 3년 넘게 사용해보고 느낀 장점은 아래와 같습니다.

① 스마트폰 앱에서 비밀번호 변경 가능, 임시로 한 번만 문을 열어 주는 기능, 문이 닫힐 때마다 매번 잠기지 않게 하는 수동 잠금 기능, 도어락 열림과 문 열림 상태를 구분해서 알려 주는 기능이 있음

② 도어락 온도를 감지하는 기능과 배터리 잔량 체크 기능, 열림, 닫힘, 잠김, 잠금 해제, 비밀번호 오입력, 이중 잠금, 실내 온도 상승, 기간 비밀번호 설정 및 해제 등 다양한 이벤트가 푸시 알림으로 옴

③ 여러 사람이 사용하는 경우 각각 다른 비밀번호를 설정하면 누가 출입하는지 파악할 수 있는 기능이 있음

저는 매우 만족하며 사용하고 있습니다. 가격은 기능에 따라 10만 원에서 20만 원 사이입니다.

가격	10~20만 원(기능별 상이)
장점	가격 대비 우수한 성능, 뒤떨어지지 않는 디자인, 빠르고 친절한 A/S, 다양한 기능
단점	어중간한 어플리케이션 디자인과 안정성(약 10번 실행하면 1~2번은 오류로 종료되나 상시 사용하는 앱이 아니라 어느 정도는 감안하고 사용 가능), 기간 비밀번호 설정 기능이 유용하나 시작(Start) 시점을 설정할 수 없고 지정하는 시점부터 끝(End) 시점만을 정할 수 있음
만족도	★★★★☆

돈이 되는 공간

클라우드 CCTV

CCTV는 단독주택에 꼭 필요한 제품입니다. 아파트는 수십 세대가 함께 살기 때문에 공동 현관문 등 보안 장치가 존재하고, 많은 사람들이 오고 가니 안전하여 CCTV가 그다지 필요 없다고 생각합니다. 그러나 단독주택은 가족 이외에 다른 사람이 오면 그 자체가 이상 신호입니다. 오기로 한 택배 기사님을 제외하고 누군가가 왔다면 그 이유를 파악할 필요가 있습니다. 특히 별장처럼 상주하지 않는다면 원격으로 그 이유를 파악해야겠지요.

CCTV에 대해 전혀 몰라서 어떤 제품을 설치해야 하나 찾아보다가 여기저기에서 설치 견적을 받았습니다. CCTV 2대와 통신선을 설치하고 집 안 내부에 컴퓨터와 저장 장치, 모니터 화면을 설치하는 곳의 경우는 견적이 약 140만 원 정도였습니다. 매달 유지 관리비를 요구하는 곳도 있습니다. 월납 요금까지 낼 필요는 없다고 생각해서 고정비가 들지 않는 방향을 생각했습니다.

CCTV를 설치하기 전 주의사항이 있습니다. 스테이 실내에는 절대 CCTV를 설치할 수 없습니다. 만약 설치한다면 범죄 행위가 됩니다. 안전을 위해서 실외 CCTV는 설치해야 하며, 이는 가족이나 게스트들의 안전에 도움이 될 것입니다. 다만 반드시 CCTV 설치 사실을 고지할 의무가 있습니다.

제가 선택한 제품은 'TP-Link Tapo C310 실외용 CCTV'입니

나. 선원만 연결하년 와이파이로 연설할 수 있는 제품(LAN케이블 지원)으로 디자인과 성능이 좋고, 가격도 저렴한 편입니다. 현재 1년 넘게 사용하고 있는데 매우 안정적이고 낮은 조도에서도 영상이 잘 나와 매우 만족하고 있습니다.

CCTV 내에서 움직임을 감지했을 때 스마트폰으로 실시간 푸시 알림을 보내 주는 기능이 있습니다. 또한 인공지능이 적용되어 사람이라고 생각되는 물체가 감지되면 알림을 보내 줍니다. CCTV 특성상 실시간으로 보는 것도 필요하지만 막상 감지가 되었을 때 그 녹화된 영상을 보는 것이 더욱 필요합니다. 클라우드 기반으로 앱을 통해서 저장된 영상을 볼 수도 있습니다.

참고로 TP-Link는 세계 시장점유율 50%에 육박하는 중국 세계 최대의 네트워크 및 설비 업체인데 해당 업체의 공유기와 함께 연동하면 아주 뛰어난 안정성을 제공하기에 강력 추천합니다.

돈이 되는 공간

가격	약 5만 원
장점	스마트폰 앱 무료 제공(클라우드 저장 기능은 유료로 제공되나 1만 원 정도 하는 Micro SD카드를 삽입하면 클라우드 기능이 필요 없음), 저렴한 가격에 별도의 유지 비용 없음, 쉬운 설치와 IoT 인식, 뛰어난 제품 디자인, 뛰어난 앱 디자인, 오류가 적은 안정성
단점	SD카드에 저장된 영상을 불러오는 데 약 3~5초간의 로딩 시간 발생, PoE 기능*을 제공하지 않아 별도의 전원 연결이 필요하나 LAN선이 가설되어 있다면 전원선으로 활용 가능
만족도	★★★★★

IoT 조명 스위치

단독주택에는 외부 조명도 있기 때문에 생각보다 많은 스위치가 필요합니다. 약 20평짜리 집 안에도 적어도 20개 이상의 조명 스위치가 있는데, 사용하지 않을 때는 끄는 게 절전에 도움이 됩니다. 특히 단독주택으로 숙박업을 하는 경우에는 게스트가 체크아웃한 이후 조명을 끌 수 있다면 더욱 좋습니다.

인테리어를 하면서 모든 스위치를 IoT 스위치로 교체하려고 여기저기 알아보다가 '헤이홈 조명 스위치'를 선택했습니다. 버튼 스위치가 2구짜리와 3구짜리 제품이 있고, 가격대가 다소 비싼 편이나 초기 투자를 한다 생각하고 설치했습니다. 스위치는

---

* LAN 케이블을 통해 통신과 전원을 동시에 공급하는 방식을 말합니다.

개낭 4~6만 원 정도고, 약 7개를 설치했으니 40~45만 원 정도 들었습니다(참고로 IoT 기능이 없는 저렴한 스위치는 개당 약 2천 원 정도 하니 약 20~30배 정도 비싼 가격입니다). 또한 중간에 중개 역할을 해줄 2~3만 원 짜리 스위치 허브도 구입해야 합니다. 허브를 공유기에 연결한 후 허브가 각 스위치와 연결되는 방식입니다. 20평 기준으로 6~7개 설치에 약 45만 원, 30평 기준으로는 10개 정도 설치에 약 50~60만 원 정도 생각하면 됩니다.

게스트가 저녁에 온다고 하면 외벽등과 창가 다운라이트만 켜놓아 환영하는 느낌을 받을 수 있도록 활용하고 있습니다. 최근 다양한 제품 라인업을 출시하고 있으니 IoT에 관심이 있다면 알아보는 것도 좋습니다. 역시 3년 이상 사용 중인데 단 한 번도 고장이나 오류가 난 적이 없습니다.

가격	4~6만 원(개당)
장점	깔끔한 디자인, 안정적이고 편리하게 만들어져 있는 스마트폰 앱, 설치 후 스마트폰과 연결하지 않고도 일반 스위치처럼 사용 가능, 매우 순조로운 IoT 연결, 일괄점등과 일괄소등 또는 타이머 기능 등과 연동하여 사용 가능, 예약 기능, 매우 안정적인 소프트웨어, 전구나 배선을 교체할 필요 없이 스위치 박스만 교체하면 되므로 호환성도 높은 편, 셀프 설치도 무난함
단점	다소 비싼 가격
만족도	★★★★★

돈이 되는 공간

IoT 보일러

난방이 필요한 계절에 비싼 연료비가 들어가는 보일러야말로 IoT 제어가 필요한 제품입니다. 특히 개별 난방을 사용하는 단독주택은 등유 보일러를 사용하기도 하는데, 난방을 켜도 집 안이 데워지는 데는 아주 오랜 시간이 걸립니다. 한겨울에는 방바닥이 완전히 식은 상태에서 보일러를 가동해 실내 온도 24도가 되기까지 적어도 10시간은 걸리는 것 같습니다. 더구나 이렇게 급격하게 온도를 올릴 경우에는 연료 소모도 굉장히 큽니다. 게스트가 스테이에 들어갔을 때 춥다고 느껴지면 보일러를 급격하게 가동할 수 있습니다. 이때는 당연히 연료 소모가 크지요. 원하는 온도에 딱 맞춰서 보일러 가동이 멈추면 좋겠지만 온도를 더 높게 설정한 경우에는 원하는 온도보다 더 뜨거워집니다. 그럼 게스트는 창문을 열거나 에어컨을 가동하지요. 아주 오랫동안 비워 놓는 것이 아니라면 적당한 실내 온도를 유지해서 게스트가 들어왔을 때 춥다고 느끼지 않게 하는 것이 효율적입니다. 따라서 적절한 시기에 난방을 켜고 끄는 것이 필요한데, IoT 보일러가 도움이 됩니다.

오래된 집을 리모델링하여 단독주택에서 스테이 운영까지 하고 있는 저로서는 난방과 온수에 대해서 굉장히 다양한 경험을 했다고 생각합니다.

제가 선택한 건 '귀뚜라미 CTR-65 Wifi 컨트롤러'입니다. 보일러 회사가 만든 IoT 제품이라 그런지 소프트웨어 완성도와 안정성은 확실히 떨어지는 편입니다. IoT로 연결하지 않아도 컨트롤러 버튼을 눌러서 사용이 가능합니다. 스테이를 운영하는 경우 호스트는 원격에서, 게스트는 집에서 사용하면 편리합니다. 집에서 사용한다면 스마트폰 앱에서 조작 상태 확인이 가능합니다. 참고로 IoT 보일러의 원리는 보일러 컨트롤러를 집 안의 와이파이로 연결하여 조작하는 방식입니다. 따라서 현재 사용하고 있는 보일러의 컨트롤러만 교체해도 IoT 제품으로 활용할 수도 있으니 제조사에 미리 호환성을 확인해 보면 좋습니다.

가격	약 6~7만 원
장점	보일러 전원 On/Off 및 난방 등 모든 기능 원격 조절 가능, 실내 온도 및 가동 상태도 모니터링 가능
단점	앱의 안정성이 약간 떨어짐, 가끔 종료되지만 늘 사용하는 앱이 아니라 큰 불편은 없음, 예약 기능을 이해하기 어려움
만족도	★★★☆☆

스마트 플러그

스마트 플러그는 콘센트에 꽂아 각종 전자제품의 전원을 연결하고 차단할 수 있는 제품입니다. 말 그대로 콘센트를 물리적으로 꽂거나 빼는 것과 동일한 효과를 주기 때문에 그런 작동만으로도 동작이 가능한 제품과 함께 사용하면 유용합니다. 예를 들어, 이케아 플로어 스탠드처럼 콘센트에 꽂고 스위치를 물리적으로 누르기만 하면 작동되는 제품은 스마트 플러그만 연결하면 완벽한 IoT 제품으로 활용이 가능합니다. 다만 에어컨이나 세탁기처럼 코드를 빼고 꽂는 것만으로 작동할 수 없는 제품이라면 100% 활용할 수 없습니다. 다만 에어컨 끄는 것을 깜빡하고 집에서 나왔다면 전원을 끌 수는 있습니다. 과도한 전기료 발생을 막아 줄 수 있는 제품이지요. 물론 다시 전원을 켜도 에어컨이 작동되진 않는다는 점을 이해하고 사용하면 좋습니다. 보통 가격은 1~3만 원 정도입니다.

제가 선택한 건 'TP-Link P300' 제품입니다. 저렴한 가격과 안정적인 성능이 특징이며, 앞서 소개한 클라우드 CCTV와 같은 회사 제품으로 하나의 앱에서 사용할 수 있는 점이 편리합니다.

가격	약 1~1.2만 원
장점	안정적인 연결, 우수한 안정성(3년 이상 사용하면서 끊어지거나 오작동한 경우가 거의 없음), 앱에서 전원의 On/Off 상태 구별, 앱에서 20분 단위로 전원을 껐다 켜는 동작 설계 가능, 집 안에 사람이 있는 것처럼 랜덤으로 껐다 켜는 기능 등 다양한 기능 제공, 셋톱박스 전원에 연결해서 매일 정해진 시간에 자동으로 전원 Off 등 다양한 응용이 가능
단점	크기가 약간 큰 편이라 연속으로 붙여 꽂을 경우 공간이 비좁아 꽂히지 않을 수 있음
만족도	★★★★☆

지금까지 해 본 홈 IoT의 단점

앞서 언급한 도어락, CCTV, 조명, 보일러 컨트롤러, 스마트 플러그 등은 모두 각각의 앱으로 컨트롤하고 있습니다. '너무 불편하지 않나'라는 생각이 들 수 있지만 IoT는 일상적으로 사용하는 서비스가 아니라 필요한 특정 시점에만 앱을 열어서 사용하는 것이기 때문에 불편한 점은 크게 없습니다. 아직은 저런 모든 기능을 완벽하게 통합 연동하는 서비스가 나와 있지 않습니다. 누군가가 그 기능을 완벽하게 만들어 낼 동인動因이 없죠. 카카오 같은 대기업에서도 귀뚜라미 보일러 같은 특정 제품까지 다 연동한 서비스를 출시하기는 어려울 거라고 생각합니다.

여러 개의 앱을 사용하는 데 불편함은 없지만 실내 온도가 일정 수준 이상 올라가면 과도한 난방 비용을 막기 위해 선제적으

돈이 되는 공간

로 경고를 주거나 난방을 종료한다든지, A가 되면 B가 되는 등의 센서 및 기기 간 조건을 설정할 수 있는 기능이 아직은 부족합니다. 물론 소프트웨어나 하드웨어를 통해 각종 조건을 설정하고 제어하는 실력자들이 많지만 저는 초보 수준이라 아직은 많이 부족합니다. 그러나 들인 비용 대비, 전체적인 만족도는 높은 편입니다. 여러분도 한번 시도해 보세요.

사진은 되도록이면 전문가에게 맡기자

에어비앤비에 올릴 강릉 마당집 사진을 찍을 때, 전문가용 DSLR 카메라를 빌려 제 나름대로 신경 써서 찍었습니다. 사진 촬영을 위해 따로 시간을 내기도 했지만 스테이 오픈 초기부터 여름과 겨울을 지내며 좋은 순간마다 찍은 사진을 업데이트해 왔습니다. 요즘 소셜 미디어에서 부쩍 많이 보이는 멋진 스테이들을 보니 문득 '고객이 온라인에서 예약할 때 가장 중요한 것이 사진인데, 사진 아마추어인 나를 과신한 건 아닌가' 싶은 생각이 들었습니다. 최근 갔던 스테이도 전문가가 촬영했고, 그 사진을 보고 맘에 들어 예약했는데 말이죠. 그만큼 사진은 중요합니다. 문득 전문가를 섭외해서 사진을 다시 찍어야겠다는 생각이 들었습니다.

사진 촬영, 온라인 마케팅 컨설팅 등 다양한 분야에서 실력을 갖춘 사람들을 찾아 매칭해 주는 온라인 서비스들이 있습니다. 스테이 사진을 멋지게 찍어 줄 수 있는 사진작가, 프리랜서 등을 찾아보고 몇 명의 포트폴리오를 본 뒤 견적을 요청했습니다. 하루가 지나니 견적이 대여섯 건 들어왔습니다. 2시간 작업에 20만 원부터 60만 원까지 가격도 다양합니다. 펜션 촬영 전문부터 모델하우스 촬영 경험자까지 다양한 사람들이 있었습니다.

그러다 문득 친척 중에 사진작가로 20년 가까이 활동 중인 동생이 생각났습니다. '그래, 차라리 동생에게 부탁하자'라는 생각이 들어 스테이 링크를 보내 주고, 내가 보기에 전문성이 좀 떨어지니 봐 줄 수 있는지를 물었습니다. 동생은 봐 주겠다고 하고 필요하면 촬영도 가능하다고 했습니다. 한참을 둘러본 작가 동생에게 연락이 왔습니다. 동생의 의견은 이러했습니다. 느낌을 살리기 위해 동생의 말 그대로 옮겨 보겠습니다.

- 전체적으로 좋다. 빛도 좋고, 특별히 너무 밝거나 어둡지 않고 괜찮다.
- 실제로 사용하는 모습도 과하지 않고 일상적이라 좋다.
- 다른 스테이를 보면 실제랑 다른 곳이 많은데, 여기는 실제로 가면 좋겠다는 생각이 든다.

- 사진 속에 인물이 들어가니 실제 크기와 분위기가 느껴진다.

- 필요한 정보들이 잘 드러난다.

- 가장 좋은 점은 '신경 써서 집을 만들었구나'란 생각이 들면서 집을 만들 때의 시선을 느끼게 해 준다.

- 집주인이 애정을 담고 신경을 쓰는 것이 보일 때와 그렇지 않을 때의 차이가 큰 것 같다.

- 돈을 받고 촬영하는 사람이 촬영을 잘하는 건 맞는데, 다른 손을 타는 것보다 형의 시선으로 담아도 충분할 것 같다.

직접 꾸민 집이니 제 시선을 직접 담는 게 가장 좋겠다는 생각이 들었습니다. 작가를 부르고 원하는 것들을 다 설명해도 작가가 한두 시간 만에 그걸 다 담는 것은 어렵겠다는 생각이 들었습니다. 어쨌든 DSLR을 대충은 다룰 줄 아니 봄부터 겨울, 아침부터 밤까지 긴 시간을 보내며 좋은 순간이 생길 때 틈틈이 찍기로 했습니다. 전문가에게 고민을 솔직히 털어놓고 조언을 구하니 마음이 편해지는 경험을 했습니다. 얼마 전에는 사진 작가에게 의뢰하여 강릉 마당집에서 찍은 가족 사진을 에어비앤비에 업데이트했습니다. 아이들과 함께 찍은 사진을 올려두니 예약이 더 많아진 느낌입니다.

촬영: @moden____

하우스키핑(청소/세탁/정비)
업체 선정 노하우

누구나 청소와 세탁을 해 보았겠지만 숙박시설에서 필요한 '하우스키핑'을 해 본 사람은 많지 않을 겁니다. 두 가지는 비슷하면서도 차이가 있습니다. 특히 누군가를 고용해서 스테이 청소 및 운영을 맡긴다면 이 두 가지를 구분할 수 있는 사람을 찾는 것이 가장 중요합니다. 스테이는 접객을 위한 감성적인 요소가 존재하므로 이를 이해하고 공감할 수 있는 사람을 찾아야 합니다.

스테이를 청소하고, 다음 게스트를 맞이하기 전까지 준비하고 챙겨야 할 것들이 많습니다. 호스트는 자신이 만든 공간을 마지막으로 마무리해 주는 디테일까지 원합니다. 이런 것들을 존중하고 꼼꼼하게 체크하면서 챙겨 주는 것이 필요합니다. 호스트가 중요하게 생각하는 것을 정작 중요하게 생각하지 않는다면 함께 일하기 곤란하겠죠. 청소와 세탁을 깨끗하게 하는 것도 중요하지만, 호스트와 운영에 필요한 의사소통을 원활하게 할 수 있는 능력도 정말 중요합니다.

에어비앤비 호스트들이 모여 있는 카페에서 지역명 등으로 키워드 알림을 해 두면 '○○ 지역 청소해 드립니다' 등의 글이 올라옵니다. 반드시 일을 맡기기 전에 만나보고 어떤 분인지, 스테이 청소 및 운영에 관련하여 어떤 경험이 있는지를 파악해 봐야 합니다. 일종의 면접을 보는 셈이죠.

단순히 청소만 하는 것이 아니라 수익을 내는 업소인 것을 고려하면 더욱 청결해야 하며, 이런저런 소품이나 소모품들을 체크리스트에 맞게 잘 내어 놓는 등의 꼼꼼함과 수고도 필요합니다. 따라서 일반 가정집에 파견되는 청소업체의 도우미와는 하는 일이 다릅니다. 이에 공감하며 자신의 업무에 대해 스스로 품질을 정의하고 책임감 있게 임하는 사람을 찾는 것이 무엇보다 중요합니다.

또한 게스트가 체크아웃한 이후 물품이 파손된 상황을 대비해서 사진 촬영 후 메신저로 전달한다든지, 도어락 배터리나 전구 교체 등 아주 단순한 유지 보수 업무를 할 수 있는지도 파악해 두면 중요한 순간에 도움을 받을 수 있습니다. 가장 중요한 건 '얼마나 호스트와 호스트의 일을 존중하며 일할 수 있는가'입니다.

직장생활을 하면서 채용과정 시 면접관으로 참여한 적이 여러 번 있었지만 스테이를 청소하고 잘 유지하고 관리해 주는 사람을 찾고, 내 스테이를 잘 관리해 줄 수 있는 분인지를 판단하는 건 꽤 다른 일이었습니다.

스테이를 온전히 게스트 맞이로 준비해 두는 하우스키핑과 일반 청소는 차이가 있습니다. 청소는 청결을 위주로 하면 되지만 게스트 맞이는 수건, 화장지, 샴푸 등 비품이 부족하진 않을지, 쓰레기 봉투 등을 꺼내 두었는지 등 생각보다 챙길 것이 많습니다. 익숙해지면 빠르게 준비할 수 있지만 체크아웃 당일 체크인하는 게스트가 있는 경우 청소와 정리를 할 수 있는 시간이 생각보다 짧아 분주합니다. 이때, 리스트를 만들어 두면 무언가 놓치는 일을 막을 수 있습니다. 또한 평소에 리스트를 만들어 스마트폰에 저장해 두면, 급한 일로 다른 사람에게 스테이 정리를 부탁할 때 이를 건네주어 요긴하게 사용할 수 있습니다.

하우스키핑은 청소와 세탁과 정비로 나뉩니다. 이 중에서 에너지와 시간 소모가 큰 일은 바로 '세탁'입니다. 세탁 중에서도 시간이 오래 걸리는 건조가 관건입니다. 스테이에 세탁기와 건조기가 있다면 직접 해도 좋지만, 생각보다 시간이 오래 걸리기 때문에 셀프(코인) 빨래방 등을 활용해서 세탁만 하거나 이를 대행해 주는 사람을 구하는 것도 방법입니다. 또한 바로 세탁을 못하더라도 한두 번 정도는 교체가 가능한 여분의 침구 세트를 준비하는 것이 좋습니다.

셀프(코인) 빨래방을 운영하는 사람이 직접 수거, 세탁, 배달을 해 주는 경우가 있습니다. 이 경우 사람만 부른 뒤 수고비와 세탁비를 함께 주는 것보다 저렴하게 세탁을 맡길 수 있어서 좋습니다. 저도 직접 호스팅을 하며 셀프 빨래방을 운영하는 사장님

　　　　　　　　　　　　　돈이 되는 공간

을 운 좋게 알게 되어 세탁을 맡기고 있습니다. 예약 일정을 공유하면 시간에 맞게 수거 후 세탁해서 체크아웃 청소 시간에 맞춰 세탁물을 가져다주는 식입니다. 호스팅에 대해 이해도가 높아서 제가 직접 하는 것보다 시간과 수고가 크게 줄어들어 만족하고 있습니다. 이런 분들을 찾을 때는 에어비앤비 호스트 카페*나 당근, 해주세요 등 지역 기반의 커뮤니티 등을 이용하는 것이 좋습니다.

---

* https://cafe.naver.com/maplepath

3

에어비앤비
이해하기

에어비앤비 관련 용어와 알아 두면 좋은 것들

호스트 에어비앤비에 스테이, 체험 등의 서비스를 제공하는 사람

호스팅 호스트가 스테이를 제공하는 일에 대한 행위를 호스팅한다고 하며, 게스팅이라고는 하지 않는다. 스테이 호스팅, 체험 호스팅 등으로 부른다.

슈퍼호스트 에어비앤비에서 우수한 호스트에 부여하는 하나의 지위로, 스테이와 프로필에 배지가 주어지며 상위 노출 등의 혜택이 있다. 슈퍼호스트가 되려면 스테이 소유주로서 계정에 위반 사항이 없어야 하고 1년에 분기별로 4번 평가하는 기준에 맞춰 다음 기준을 충족해야 한다.

- 숙박 10건 이상 호스팅 또는 3건의 예약에 걸쳐 종 100박 이상 호스팅

- 응답률 90% 이상 유지

- 예약 취소율 1% 미만 유지

- 전체 평점 4.8점 이상 유지

게스트는 왜 에어비앤비로 예약할까?

바야흐로 숙박 서비스의 전성시대입니다. 검색만 하면 수많은 스테이와 관련된 콘텐츠가 쏟아집니다. 그 많은 공급 중에 왜 에어비앤비에 수요가 있는 건지 궁금합니다. 그간 직접 호스팅을 해오면서 파악한 내용으로 단순하지만 의미 있는 내용을 찾아보고자 합니다. 이 조사 데이터는 직접 운영했던 스테이 두 곳에서 얻은 데이터에 근거하고 있습니다. 당연히 합당한 크기의 데이터를 활용해야겠지만 에어비앤비에서 취득할 수 있는 정보는 제한이 있어 직접 수집한 정보를 토대로 하다 보니 한계가 있는 점은 미리 밝혀 둡니다. 데이터를 수집한 두 스테이는 강원도 강릉시에 있는 곳으로, 모두 직접 운영하던 곳입니다.

돈이 되는 공간

스테이 A, 19평 공동주택

스테이 B, 마당이 있는 단독주택

스테이 A, 19평 공동주택

깔끔한 인테리어가 되어 있고, 2~3명이 지내기에 최적화된 공간입니다. 방 2개, 욕실 1개로 인테리어 공사를 전면적으로 했던 곳입니다. 강릉 대표 관광지 주변으로, 걸어갈 수 있는 맛집과 카페, 아트 뮤지엄 등이 있어 가 볼 만한 곳이 많았습니다. 평균 숙박 요금ADR*은 12~20만 원(호텔 1박 요금인 25~50만 원 대비 30~50% 정도 저렴한 수준)입니다.

스테이 B, 마당이 있는 단독주택

단층 단독주택으로, 오래된 주택 내부를 전면 리모델링하여 깔끔하게 수리했습니다. 면적은 앞서 설명한 주택과 비슷하나 주택 옆에 약 70평 정도의 넓은 마당이 있습니다. 프라이버시를 보호할 수 있는 울타리가 있고 잔디밭이 있습니다. 공동주택보다는 자연과 마당 야외를 한껏 느낄 수 있는 한적한 시골이며, 걸어서 마트나 약국 등을 갈 수는 있지만 관광지까지 걸어가기에는 조금 떨어진 교외에 위치한 곳입니다. 평균 숙박 요금은 25~30만 원입니다.

---

* Average Daily Rate의 약자로, 판매된 객실 평균 요금을 의미합니다.
  (= 객실 매출액 / 판매된 객실 수)

돈이 되는 공간

	스테이 A	스테이 B
넓이	실내 19평	실내 19평 + 마당 70평
타입	공동주택	단독주택
상태	전체 인테리어	전체 인테리어
주변 환경	맛집, 카페, 미술관 주변 유동인구 많음	조용한 시골, 바닷가 주변 마트, 국도 근접
요금	1박 15~20만 원	1박 25~30만 원

위치는 비슷하나 속성이 서로 꽤 다른 두 스테이를 통해 차이점을 파악하고 응용할 점을 찾아보고자 합니다. 통계 관점에서는 다소 부족하지만 도드라지는 특성을 파악하는 데 큰 무리는 없을 걸로 생각합니다.

두 스테이에 묵은 게스트들에게 에어비앤비에서는 확인할 수 없는 별도의 설문을 직접 수집했습니다. 조사 대상은 약 60명입니다.

하나, 게스트는 왜 에어비앤비에서 예약할까?

설문에 응답한 전체의 약 58%가 '에어비앤비에는 다양한 스테이가 있어서'라고 답변했습니다. 에어비앤비의 모든 스테이는 저마다 고유한 특성을 가지고 있습니다. 수십 개에서 수백 개의 객실이 있는 호텔은 방 구조가 똑같은 것도 있겠지만, 에어비앤비의 스테이는 저마다 다른 것이 특징입니다. 물론 에어비앤비에도 호텔 객실이 등록되어 있지만 대부분의 스테이는 개별 호스트들이 등록한 개별 공간입니다. 따라서 완전 동일한 스테이는 그 비중이 매우 적다고 볼 수 있습니다.

즉 호스트의 개성과 다양한 입지가 만들어 내는 풍부한 다양성이 그 특징이자 장점입니다. 또한 호스트마다 제공하는 접객 서비스나 콘텐츠가 이 다양성을 더하는 요인으로 보입니다.

에어비앤비를 선택한 이유는 무엇인가요?	응답수
특이하고 다양한 스테이가 있어서	35
내가 원하는 여행지에 스테이가 있어서	9
가족 단위로 갈 때 호텔보다 저렴해서	5
에어비앤비 서비스가 마음에 들어서	2
기타	6

*기타: 응답자가 직접 입력한 내용입니다.

기타 응답으로는 '평점 및 리뷰 때문에' '호텔보다 저렴해서' '후기가 좋아서' '집필 목적의 여행이었기 때문에' '거실에 있는 커다란 테이블 때문에' '코로나 때문에 독채 스테이를 찾음' '호텔보다 코로나에 안전할 것 같아서' 등이 있었습니다.

돈이 되는 공간

둘, 특성이 다른 스테이를 예약할 때 게스트의 행동은 어떻게 다를까?

게스트가 에어비앤비 스테이를 최종 예약하기 전에 몇 개의 스테이를 탐색하는지, 얼마나 오랫동안 스테이의 상세 페이지에 머무르는지는 정확히 알 수 없습니다. 물론 에어비앤비 데이터 담당자는 페이지 방문 수나 체류 시간 등을 모두 측정하고 있어서 모든 지표들을 알겠지만 저는 그 수치를 알 수 없습니다. 따라서 앞서 말한 두 스테이의 경우를 가지고 단순하게 비교해 보려고 합니다. 다시 말하지만, 아주 개괄적이면서 상대적이라는 한계가 있다는 점을 다시 한번 짚고 넘어갑니다.

통계적으로는 합리성이 떨어지지만, 만일 두 개의 스테이에서 수치의 차이가 있다면 그 차이만으로도 의미를 부여하는 것이 좋을 것 같습니다. 한적한 곳에 아이와 지내기 좋은 30만 원짜리 단독주택 스테이를 예약하는 사람은 15만 원짜리 관광지 근처의 공동주택 스테이를 예약하는 사람보다 예약하기 전 2배 이상인 평균 12개의 다른 스테이를 검색하는 것으로 나타났습니다.

요금이 상대적으로 저렴하고 유명한 관광지에 있으며 도보로도 접근성이 우수한 스테이 A의 경우에는 예약 시 관여도가 비교적 낮습니다. 주변에도 비슷한 스테이 공급이 넉넉한 편이니 비교 대상도 있고, 가격 민감도도 있습니다. 즉 가성비가 스테이 선택의 중요한 요인으로 작용합니다. 비슷한 스테이가 많으니 가급적 저렴한 스테이를 택하려는 것이지요. 스테이 자체가 목적지가 되기보다는 목적지를 정해 두고 그에 맞는 스테이를 탐색하는 것이 고객의 탐색 행동이라고 볼 수 있습니다.

스테이 B는 어떻게 다를까요? 이 스테이는 굳이 찾아가지 않으면 특별히 갈 일이 없는 시골에 위치하고 있습니다. 그것도 주택가 깊숙한 곳에 위치한 단독주택입니다. 호스트가 아이를 직접 키우면서 마련한 집이기 때문에 아이를 위한 시설이 곳곳에 배치되어 있습니다. 또한 호스트의 개성이 한껏 묻어나는 곳입니다. 스테이 B를 예약하는 고객의 95% 이상은 자녀를 동반한 부부입니다. 자녀를 동반한 부부 게스트가 목적지로서의 스테이를 탐색하며 찾아서 예약했다는 의미로도 볼 수 있습니다. 그래서인지 게스트는 스테이 A보다 스테이 B를 예약하기 전까지 다른 스테이를 2배나 많이 탐색하는 경향이 있습니다.

스테이 B를 예약한 게스트의 60%는 평균 10개 이상의 스테이를 탐색한 걸로 나타났고, 스테이 A를 예약한 게스트의 60%는 10개 이하의 스테이를 탐색한 걸로 나옵니다. 앞서 말한 것처럼 이러한 게스트들은 꼭 이 스테이가 아니더라도, 수십 킬로미터 떨어진 곳이라도 자신에게 알맞은 조건의 스테이가 있다면 그 곳을 목적지로 삼아 예약했다고 볼 수 있습니다.

돈이 되는 공간

셋, 호스트는 어떤 인사이트를 얻을 수 있는가(에어비앤비 호스트는 스테이를 어떻게 운영해야 할까)?

1) 에어비앤비를 찾는 게스트는 스테이의 다양성을 가장 큰 가치로 삼는다는 것을 이해하는 것이 좋습니다.

2) 자신의 스테이의 특징을 분명히 하는 것이 좋습니다.

① 내 스테이는 OOO을 좋아하는 게스트에게 적합해.

② 연인, 친구와 머물며 주변 관광지를 도보로 돌아보기 좋아.

③ 관광지와는 멀지만 아이들이 호텔보다 더 안전하고 신나게 놀 수 있는 마당이 있어.

④ 관광지와 매우 가깝고 스테이는 좁지만 다른 곳보다 저렴해.

⑤ 호텔이나 다른 스테이에서는 쉽게 볼 수 없는 고급 가전과 멋진 인테리어가 있어.

3) 사진 및 설명으로 자신의 스테이의 특징을 분명히 담아내는 것이 좋습니다. 위에서 말한 것처럼 게스트는 특징이 분명한 스테이를 예약할 때, 평균 12개 이상의 스테이를 찾아보므로 스테이 사진 및 설명을 꼼꼼하게 관리하는 것이 좋습니다. 사진도 장소별로 한 장씩만 올리기보다는 여러 장을 다각도로 올리는 것이 스테이의 개성을 나타내는 데 도움이 됩니다. 스테이 설명도 무미건조한 정보보다는 스토리가 있는 과정, 이야기를 담아보는 것도 게스트의 마음을 움직일 수 있습니다.

4) 관광지가 아니어도(입지가 좋지 않아도) 스테이 자체의 특성을 살리면 승산은 있습니다. 예를 들면, 다음과 같습니다.

① 토들러(3~7세 아이에게 친화적인) 콘셉트

② 애견 콘셉트

③ 넓은 마당, 특수한 인테리어 등

목적지로서의 스테이 자체 특성을 살리면 '일부러 찾아오는' 게스트를 맞이할 수 있습니다. 반대로 이야기하면, 입지가 좋지 않은 곳에 있는 스테이는 반드시 특징이 있어야 한다는 말과도 같습니다.

빠르게 예약받고 운영을 잘하는
우수 호스트의 특징 세 가지

에어비앤비는 2021년부터 경험이 많은 슈퍼호스트를 선정해서 새로 시작하는 호스트를 지원하는 '슈퍼호스트 앰배서더'라는 프로그램을 운영하고 있습니다. 앰배서더는 국내에서 약 14명이 활동하고 있습니다(2024년 8월 기준). 저는 2021년 말에 앰배서더로 선정되어 지금껏 약 1200명의 호스트와 온라인으로 만나 도

돈이 되는 공간

움을 드리고 있습니다. 앰배서더와 호스트는 에어비앤비에 의해 매칭되며 메시지를 통해 질문과 조언을 주고받게 됩니다. 다음은 새로 매칭된 호스트와 나눈 대화입니다.

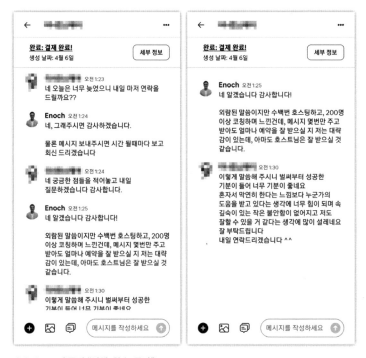

우수 호스트의 특징 "실행, 학습, 공감"

하루 142박 예약을 받다

제가 무슨 점쟁이도 아니고 저런 말을 할까 하지만, 얕디얕은 호스트-코치 관계로 주고받는 몇 마디만 봐도 알 수 있는 것이 있습니다. 새벽 1시 반이 다 된 시간에 에어비앤비 기능을 둘러보고 있다는 점, 저의 회신에 미안하다고 표현한 점, 알려 준 키워드를 바로 검색한 점, 본인이 무얼 모르고 무얼 알고 싶은지 알고 있다는 점, 응원에 공감하고 소감을 이야기한 점 등입니다.

에어비앤비를 잘 운영하기 위해 필요한 것이 무엇이냐고 한다면, 저는 '실행력' '모르는 것을 학습하려는 자세' '다른 사람의 의견과 생각에 공감하는 태도' 이 세 가지를 꼽겠습니다.

돈이 되는 공간

에어비앤비 운영에 매우 중요한 이 세 가지를 지닌 호스트는 예약을 잘 받고 운영도 잘할 가능성이 매우 높습니다. 얼마 후 저 호스트로부터 하루에 100여 개의 예약을 받았다는, 기쁨이 가득 담긴 메시지를 받았습니다.

에어비앤비 호스트가 반드시 알아야 할
'고객여정'과 '예약 전송 메시지'

에어비앤비는 '메시지'로 운영됩니다. 예약, 질문과 답변, 고객 센터, 취소 및 환불, 요금 조정을 할 때도 모든 것이 메시지로 이뤄집니다. 앰배서더 활동도 마찬가지입니다. 당연히 좋은 커뮤니케이션은 좋은 호스팅을 해낼 수 있는 아주 기본적인 기반이 됩니다.

그렇다면 '고객여정'은 무엇이며, 왜 중요할까요? 고객여정, 영어로는 Customer journey라고 부릅니다. 여기서는 에어비앤비 호스팅에 관련된 이야기를 다루므로 게스트가 에어비앤비를 사용해서 '검색/탐색 – 예약/결제 – 체크인 – 머무름 – 체크아웃'을 하는 여정을 생각해 보겠습니다.

스테이 기간

검색/탐색 → 예약/결제 → 체크인 → 체크아웃 →

1   2   3   4

에어비앤비에서 내 스테이를 예약한 게스트 고객여정

고객여정

1) 예약하기 전 게스트 생각

'이 스테이를 예약할 수 있을까? 호스트는 괜찮을 사람일까?
 스테이는 사진과 같을까? 내 여행은 괜찮을까?'

스테이를 예약할 때, 게스트는 호스트에게 메시지를 보내게
됩니다. 호스트는 그 메시지와 숙박 일정, 기존의 호스트로부터
받은 후기를 근거로 예약을 결정하게 되지요.

2) 예약한 후 게스트 생각

'앞으로 체크인까지 남은 기간이 얼마나 되지?
 그동안 내가 무엇을 알아야 하는 거지?'

돈이 되는 공간

이때 게스트가 무엇을 알아야 하는지, 또는 무엇은 신경쓰지 않아도 되는지 등을 알려 준다면 선제적 대응이 가능해지는 좋은 포인트입니다. 그럼 '아, 이 사람은 내가 궁금해하는 것과 다른 게스트들이 궁금해했던 것을 미리 알려 주는 호스트구나!'라는 이미지를 줄 수 있게 되는 것이죠.

3) 체크인 후 게스트 생각

'이제 도착했구나, 잘 지내봐야지.

어떻게 하면 잘 지낼 수 있을까?'

이때 게스트는 자신의 집과 다른 곳에서 지내면서 느끼는 여러 가지 궁금증이 생길 겁니다. 식사한 뒤 나오는 음식 쓰레기 처리는 어떻게 하는지, 저녁에 추우면 어떻게 해야 하는지, 넷플릭스를 보려면 어떻게 해야 하는지 등이 되겠죠.

4) 체크아웃 전 게스트 생각

'스테이에서 정말 좋은 경험이었어. 내일 떠나는구나.

떠나기 전에 무엇을 해야 하지?'

이때 게스트는 호스트로부터 받았던 메시지를 다시 보고 쓰레기는 어디에 버리는 건지, 스테이에 이리저리 옮겨 놓은 물품이 있다면 어디에 있었는지를 기억하며 '내일 나가기 전에 정리해야겠다' 등을 생각하게 됩니다.

정리하자면, 게스트에게 메시지를 보내기 적합한 시점은 '게스트가 궁금해하기 전'입니다. 게스트가 궁금해하기 전에 메시지를 보내면 게스트가 호스트에게 메시지를 한 번도 보내지 않는 경우도 매우 많습니다.

메시지를 보내는 시점과 내용은 다음과 같습니다(예약 전송 메시지의 내용과 시점은 호스트, 스테이마다 다를 수 있습니다).

① **예약을 받은 직후**: 환영 인사 및 스테이 이용 안내

② **체크인 5일 전**: 맛집 정보 소개

③ **체크인 1일 전**: 스테이 이용 안내문 전달

④ **체크인 당일**: 스테이 주소 및 체크인 방법 전달

⑤ **체크인 다음 날**: 불편사항 문의

⑥ **체크아웃 전날**: 쓰레기 배출 방법 안내

⑦ **체크아웃 당일**: 체크아웃 시간, 정리 방법 안내

⑧ **체크아웃 이후**: 후기 작성 안내

이때 매번 일일이 메시지를 보내야 할까요? 그렇지 않습니다. 그럼 너무 피곤하겠죠. 에어비앤비 호스트가 반드시 참고해야 할 고객여정 관리 기능인 '예약 전송 메시지' 기능을 사용하면 됩니다. 에어비앤비는 미리 작성된 메시지를 원하는 시점에 자동으로 발송하는 '예약 전송 메시지' 기능을 제공하고 있습니다.

이 기능은 정해진 타이밍에, 고객이 궁금해하기 전, 호스트가 바쁠 때, 혹여 호스트가 잊고 있거나 휴대폰을 꺼 두었을 때나 비행기 안에 있을 때도 스마트하게 작동하여 고객여정을 세심하게 케어해 줍니다. 반드시 사용해야만 하는 매우 중요하고 편리한 기능입니다.

한국의 에어비앤비 호스트는 이 기능을 얼마나 사용하고 있을까요? 거의 모든 호스트가 사용하고 있을 거라고 생각했는데 실제로는 그렇지 않았습니다. 호스트들이 정보 교류를 하는 카페에서 간단한 설문 조사를 해 봤습니다. 설문에 응답한 80명 중 예약 전송 메시지 기능을 사용하지 않는 사람이 절반이 넘습니다.

그럼 '예약 전송 메시지'는 어떻게 설정할까요? (이후 설명해 드리는 활용법은 모바일 앱 기준입니다. 기본적으로 PC와 모바일 앱 사용방법이 비슷합니다만, 약간의 차이가 있을 수 있으니 따라 할 사람은 에어비앤비 모바일 앱을 설치해서 사용해 보세요. 저는 안드로이드 앱을 사용하고 있습니다.)

예약 전송 메시지 기능을 사용하고 있나요?

1 예약 전송 메시지 기능이 뭔지 모른다.
24표, 33.8%

2 1~2개 등록해서 사용 중
11표, 15.5%

3 3~4개 등록해서 사용 중
5표, 7%

4 예약 직후, 체크인 전후, 체크아웃 후 까지 골고루 등록해서 사용 중
15표, 21.1%

5 알고 있지만 어려워서 사용하지 않는다.
6표, 8.5%

6 알고 있지만 별 도움이 안 될 것 같아서 사용하지 않는다.
10표, 14.1%

호스트 대상 예약 전송 메시지 사용 여부 설문 조사

1) 에어비앤비 앱, '호스트모드'로 들어가서 하단 메시지 탭 클릭하기

그동안 게스트와 주고받은 메시지 목록이 보입니다. 예약 전송된 메시지도 동일하게 이 목록에 나타나게 됩니다.

2) 좌측 상단 三자 모양 메뉴를 누르기

위에서 두 번째 '예약 전송 메시지'가 보입니다.

돈이 되는 공간

3) 예약 전송 메시지 작성하기

예약 전송 메시지를 이미 설정한 경우에는 설정된 목록이 나옵니다.

설정이 처음인 사람은 '예약 전송 메시지' 목록에 아무것도 나오지 않습니다. 신규 예약 전송 메시지를 작성하려면 우측 상단의 ⊕버튼을 눌러 주세요.

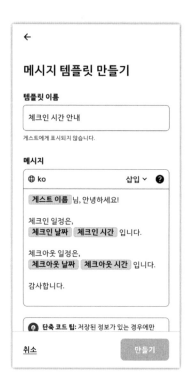

- 템플릿 이름: 기억하기 위한 영역입니다. 목록에서 구분하기 위해 간단하게 시점, 내용을 정해 두면 좋습니다. ex) 체크인 하루 전 매뉴얼

- 메시지: 게스트에게 보내질 내용을 적습니다.

- '단축 코드'를 사용하는 것이 좋습니다.

돈이 되는 공간

4) 단축 코드 사용하기

단축 코드는 다른 곳에 이미 저장된 내용을 불러와서 사용하는 기능입니다.

모든 게스트의 이름이 서로 다른데, 그냥 '게스트님'이라고 부르는 것보다 'A 게스트님' 'B 게스트님'이라고 게스트가 등록해 둔 이름을 불러 주는 게 좋겠죠? 마찬가지로 모든 게스트마다 다른 체크인, 체크아웃 날짜를 예약 정보에서 불러와 함께 적어 준다면 더욱 정확하고 친절한 안내가 될 겁니다.

앞 장의 이미지처럼 게스트 이름과 체크인 시간, 체크아웃 시간을 게스트별로 보이도록 문구를 설정하면 게스트에게는 다음과 같이 보입니다.

인욱님, 안녕하세요!

체크인 일정은,
2024년 9월 3일 오후 3시입니다.

체크아웃 일정은,
2024년 9월 7일 오전 11시입니다.

---

5) 전송 시점 정하기

예약 전송 메시지를 보낼 시점을 정해야 합니다. 전송 시점은 게스트의 고객 여정을 기준으로 설정할 수 있습니다. 앞서 말한 것처럼 예약 확정, 체크인, 체크아웃 기준으로 시간을 정할 수 있습니다.

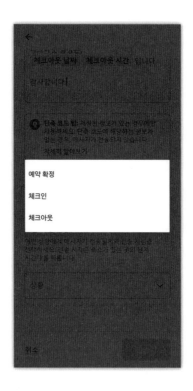

6) 전송 시간 정하기

예약 확정, 체크인, 체크아웃의 시점을 정했다면 그 시점 이후 언제 보낼지를 정할 수 있습니다. 게스트가 예약을 확정한 뒤 얼마 후에 이 예약 전송 메시지를 보낼지 정하는 것입니다(저는 직후에 다양한 안내를 보내 주고 있습니다).

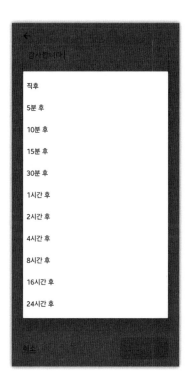

과연 예약 전송 메시지가 게스트에게 훌륭한 커뮤니케이션이 될 수 있을지 고민되나요? 저도 그런 생각을 해 본 적이 있습니다. 보내지 않는 것보다는 확실히 낫습니다. 고객여정에 맞게 잘 설계되어 고객이 궁금하기 전에 미리 대응해 준다면 게스트는 호스트가 자신을 배려한다는 느낌을 받습니다. 경험상 처음 설정한 예약 전송 메시지는 내용이나 시점이 완벽하지 않을 수 있으므로 이용 초반에는 종종 점검하고 상황에 맞게 수정하는 것이 좋습니다.

에어비앤비 호스트와 〈오징어 게임〉

세상의 모든 창의력 대장들은 에어비앤비에 다 모였나 봅니다. 눈에 불을 켠다는 말은 호스트가 집을 꾸미고 사진을 올리고 접객할 때 딱 적당한 말인 듯합니다. 에어비앤비 앱을 켜고 돌아보면 저마다의 공간을 최대한 갈고닦고 꾸며서 게스트를 부르고 있습니다.

집이라는 기능에 충실하면서도 감성적이고 인스타그래머블하고, 흔하지 않은 소품들로 스테이가 채워져 있습니다. 플랜테리어(식물+인테리어)부터 집에서는 잘 사용하지 않는 멋진 패브릭

돈이 되는 공간

장식까지 온통 창의력으로 넘칩니다. '오늘의 집'* 집들이에 소개된 집보다 더 과감한 시도가 난무합니다. 관리가 어려워 호텔에서는 보기 어려운 소품, 아이템도 호스트들은 과감히 들여놓습니다.

2021년 〈오징어 게임〉이라는 드라마가 크게 유행했을 때, 에어비앤비 앱을 둘러보며 놀란 적이 있습니다. 많은 호스트들이 〈오징어 게임〉의 한 장면을 틀어 놓은 TV 사진을 스테이 대표 사진으로 설정해 둔 것입니다. 자신의 스테이에서는 이런 드라마도 무료로 볼 수 있다는 마케팅을 펼친 것이죠. 한국 사람들이라 '적당히'를 몰라서 그런가요? 정말 대단한 분들이 많다고 느꼈습니다. 에어비앤비는 이 지점에 판을 깔고, 흐르는 돈의 15~17%를 가져갑니다. 문득 방이 팔릴 때마다 에어비앤비 주식을 조금씩 사는 게 좋을 것 같단 생각도 드네요.

---

* 2014년 설립된 (주)버킷플레이스의 온라인 서비스로, 인테리어 사례 공유 및 가구 구매 등을 할 수 있으며 2024년 8월 기준으로 사용자가 800만 명에 육박합니다.

플랫폼 효과를 이용하자

2021년 7월, 스테이를 오픈하면서 에어비앤비뿐만 아니라 인스타그램으로도 예약을 받기 시작했습니다. 그해 7월부터 12월까지 약 6개월간 받은 인스타그램 예약이 50%는 넘었던 것 같습니다(현재는 인스타그램 예약은 받지 않고 오직 에어비앤비로만 받습니다).

스테이를 오픈하는 호스트라면 아마도 '에어비앤비로만 예약을 받아야 하나?' '다른 채널로도 예약을 받아야 하나?' 고민을 하고 있거나 앞으로 하게 될 것입니다.

숙박 상품을 판매할 수 있는 방법은 매우 다양하지만 여기에서는 에어비앤비와 인스타그램만 생각해 보겠습니다.*

인스타그램을 통한 예약의 첫 번째 장점은 게스트가 내는 에어비앤비 수수료를 줄일 수 있다는 것입니다(에어비앤비 수수료는 전체 숙박비의 17%이며 그중 14%는 게스트가, 3%는 호스트가 냅니다). 숙박비가 40~50만 원이 넘어가면 수수료가 5만 원이 넘어가고, 숙박비가 250만 원이 넘어가면 수수료가 35만 원에 달합니다. 적지 않은 비중이고, 이 높은 수수료에 불만을 가진 해외 이용자들은 이를 풍자하는 게시물을 소셜 미디어에 올리기도 합니다.

보통 중개 플랫폼에서는 수수료를 판매자가 부담하는 경우가 많은데 에어비앤비는 양쪽 모두, 게스트가 더 많은 수수료를 부담하는 것이 특징입니다. 그래서 호스트와 게스트는 이 수수료를 물지 않아도 되는 '직거래'를 고민합니다. '수수료를 안내도 되니 모두가 좋은 거 아닌가?'라고 생각할 수 있습니다.

두 번째 장점은 플랫폼에서 벗어나 나만의 채널을 가질 수 있다는 것입니다. 인스타그램을 운영할수록 인스타 팔로워가 늘어나죠. 에어비앤비에 모든 판매량이 집중되는 것보다는 자생력을 갖는 것은 매우 의미 있는 일입니다. 에어비앤비에서만 노출을 기대하기보다는 인스타그램을 통해 더 많은 노출을 만들어 낼 수 있다면 좋은 것 아닐까요?

그러나 막상 인스타그램 예약을 6개월간 해 보니 몇 가지 단점이 보이기 시작했습니다.

첫 번째 단점, 시간이 많이 듭니다

이용 인원, 기간, 주말 여부에 따라 견적을 내고 예약이 성사되기 전까지 최소한 10번 정도의 대화를 주고받아야 했습니다. 바쁜 사람들에게는 꽤 큰 부담일 수 있습니다. 또한 게스트가 결

---

* 에어비앤비를 통한 예약은 말 그대로 에어비앤비 고객이 에어비앤비에서 스테이를 찾고 최종 결제까지 마치는 것을 말합니다. 인스타그램을 통한 예약은 팔로워를 늘리고 인스타그램에 노출시켜 인스타그램 사용자와 댓글, DM으로 의사소통을 하다가 직접 현금 입금을 받는 식으로 예약을 확정하는 것을 말합니다.

제하기까지 기다려야 합니다. 연락이 없으면 또 물어봐야 하고, 다른 사람의 예약에 참고해야 하는 불편함이 있습니다. 그래서 인스타그램, 블로그 등으로 예약을 받을 때는 입금 순으로 예약을 확정하는 경우도 있습니다만, 예약이 많은 편이 아니라면 매몰차게 하기도 쉽지 않습니다. 인스타그램 사용자는 잠재적인 구매자들이라고 볼 수도, 아닐 수도 있습니다. 당연히 구매 전환이 되지 않는 경우도 많습니다.

두 번째 단점, 게스트의 평판을 전혀 알 수 없습니다

에어비앤비는 호스트와 게스트 모두의 평판을 쌓아 보여 주는 시스템을 매우 중요하게 운영하고 있습니다. 인스타그램 사용자는 사진이나 메시지를 보내는 어조나 매너로 어느 정도 어떤 분인지 예측은 할 수 있지만 '내 스테이에 오는 게스트'로서 어떤 사람인지는 알기 어렵습니다. 가끔 게시물이 전혀 없는 사용자일 경우에 불안하지만 그렇다고 해서 예약을 받지 않는 건 꽤 어려운 일입니다. 솔직히 말해, '내 집을 망가뜨릴 사람이 아닌가'를 시간 들여 고민해야 하는데 고민의 결과가 확실한 답을 주는 것도 아닙니다. 고민하느라 약 30분에서 1시간 정도는 쉽게 지나갑니다.

이를 보완하는 방법 중 하나는 보증금(10~20만 원 정도)을 받

돈이 되는 공간

았다가 돌려주는 것인데, 이건 게스트나 호스트 누구에게도 좋은 경험이 아닌 것 같습니다. 이 방법은 설명하고 설득시키는 데 많은 시간과 에너지가 발생하므로 잘해야 본전입니다. 또한 에어비앤비에서 호스트와 게스트에게 제공하는 자체 보상 프로그램인 '에어커버AirCover'를 이용할 수 없습니다. 이것은 호스트를 위한 에어비앤비의 대표적인 서비스로 볼 수 있으며, 에어비앤비가 취하는 수수료의 대가로도 볼 수 있습니다.

세 번째 단점, 후기가 모이지 않습니다

인스타그램으로 예약을 받는 것은 에어비앤비에서는 받을 수 있는 후기를 포기하는 것을 포함합니다. 에어비앤비에서는 게스트의 후기를 꽤 중요한 비중으로 노출하지만 인스타그램은 그렇지 않습니다. 물론 인기 있는 스테이의 경우 이미 해시태그나 많은 팔로워가 이를 보완할 수 있겠지만 그것이 정확하게 후기를 대체하는 것은 아닙니다.

스탠퍼드 대학과 에어비앤비가 함께 연구한 바에 의하면, 동질 집단의 게스트와 호스트는 비동질 집단보다 훨씬 우호적이라고 합니다. 즉 같은 국가, 같은 인종, 같은 지역의 호스트는 그런 게스트를 더 신뢰한다는 것입니다. 그런데 후기가 10개 이상이면 비동질 집단이라 하더라도 그 신뢰도가 동질 집단보다 더 증가한다고 합니다. 처음 시작하는 스테이라면 우선 에어비앤비에 후기를 10개 이상 모으는 것이 유리하다고 생각합니다.

후기가 3개 이하면 별 변화가 없지만 10개 이상의 후기가 있으면 많은 게 바뀝니다. 높은 평판이 높은 유사성을 능가합니다. 일정 개수 이상의 후기는 실제로 우리가 가진 가장 뿌리 깊은 편견을 극복하게 도와줍니다.*

여기에 개인적인 생각을 더해 보자면, 스테이가 성장해야 하는 시기에는 호스트가 일정 비용을 지출하더라도 후기를 모으는 게 더 낫다고 생각합니다. 인스타그램을 사용하는 게스트들임에도 후기를 잘 남겨 주지 않는 편이라 느꼈기 때문입니다(물론 스테이에 따라 예외가 있을 수 있습니다).

네 번째 단점, 운영이 불편합니다

에어비앤비는 1:1 채팅 기반으로 운영됩니다. '게스트 ↔ 호스트'도 '게스트/호스트 ↔ 고객센터'도 그렇습니다. 채팅 운영에 상당히 최적화되어 있습니다. 심지어 제가 활동하고 있는 호스트 코칭 프로그램인 '에어비앤비 앰배서더'도 채팅 기반으로 운

---

* "에어비앤비가 신뢰를 쌓는 디자인을 만든 방법", 에어비앤비 전 수석 디자이너&공동 창업자 조 게비아의 TED 강연 (8분 36초) (https://www.ted.com/talks/joe_gebbia_how_airbnb_designs_for_trust/transcript?awesm=on.ted.com_8bd2&language=ko)

돈이 되는 공간

영됩니다. 이는 호스트 입장에서 호스팅 상황에 맞는 다양한 채팅을 운영할 수 있는 기능을 제공한다는 의미입니다. 빠른 답변, 예약 답변, 기본 답변 등 다양한 설정이 가능합니다. 실제로 저는 약 20개의 빠른 답변(저장된 메시지를 불러오는 것)과 게스트의 예약 일정에 맞게 약 7~8개(예약 직후, 체크인 D-5, D-1, 체크인 당일, 체크인 다음 날, 체크아웃 D-1, 체크아웃 당일, 체크아웃 후 등)의 예약 전송 메시지를 설정해서 자동으로 보내고 있습니다.

에어비앤비 호스트는 매우 적은 노력으로도 많은 게스트에게 다양한 정보와 안내를 제공할 수 있는데, 이걸 직접 기억하거나 수동으로 보내는 것은 에너지가 크게 드는 일이며 바쁜 호스트에게 적절하지 않는 일입니다. 심지어 에어비앤비 메시지는 게스트 이름, 체크인 날짜/시간 등 게스트별로 각기 다른 정보를 불러와 바꿔서 보낼 수도 있습니다. 기본적으로는 예약 과정, 숙박 전, 중, 후에 걸쳐 게스트에게 좋은 인상을 주려면 적절한 때(특히 체크아웃 안내 메시지는 정확한 타이밍에 주는 것이 호스트에게도 매우 유리합니다), 적절한 메시지를 '먼저' 주거나 '빠르게' 주는 것이 매우 중요하다고 생각하는데 인스타그램으로 하면 이 모든 걸 수동으로 해야 하니 놓치기가 쉽습니다.

그 외 개인적인 생각은 이렇습니다.

첫째, 에어비앤비로 예약을 받고 후기가 늘어나면 자연히 더 많은 예약이 따라올 것입니다. 심지어 에어비앤비는 스마트요금을 선택한 경우 검색량이나 주변 요금에 맞게 요금을 자동으로 변경해 줍니다. 100% 만족스럽지는 않지만 이 요금 제도가 판매를 불러오는 고마운 존재라는 건 사실입니다.

둘째, 에어비앤비 앱의 트래픽은 적지 않지만 내 스테이로 들어오는 트래픽이 적을 수 있습니다. 유입은 스스로 만들 수 있으면 도움이 됩니다.

셋째, 여러 개의 판매 채널을 관리할 때 '달력 관리'는 생각보다 까다로운 문제라고 생각합니다. '달력 관리'란 달력의 날짜에 하루하루 연계된 재고 관리를 말합니다. 내 스테이의 예약 현황은 내 스테이의 달력을 보면 한눈에 알 수 있죠. A라는 판매 채널을 열면 또 하나의 달력을 관리하게 됩니다. 문제는 에어비앤비에 예약되었을 때, 그 날짜에 A 채널에서 예약이 중복되지 않도록 최대한 빠르게 조치하는 것이 필요합니다. 보통 이것을 '달력을 막는다' 또는 '방을 막는다'라고 표현하는데, 빨리 방을 막지 않아 중복 예약이 발생한다면 아주 곤란한 상황에 처합니다. 추가로 B, C, D 채널에 판매를 한다면 더욱 복잡해지므로 채널을 늘릴 때는 이 점을 고려해야 합니다(여러 개의 판매 채널을 쉽게 관리하는 서비스를 제공하는 '온다(ONDA)' 같은 회사도 있으니 참고해 볼 만

돈이 되는 공간

합니다).

넷째, 에어비앤비를 통한 예약은 게스트의 물품 파손 등 불의의 사고에 도움을 받을 수 있습니다. 호스트 커뮤니티에는 게스트로부터 피해를 입은 이야기가 종종 올라옵니다. 물건이 파손되거나 심하게 오염되는 경우, 즉 악성 게스트를 만나서 골머리를 앓는 경우가 있습니다. 오래전부터 이런 경우를 처리해온 에어비앤비는 호스트 보상 프로그램(에어커버)을 운영함으로써 호스트들이 최대한 적게 스트레스를 받고 빠르고 편리하게 보상받도록 도와주고 있습니다. 반면 인스타그램 등으로 직접 예약을 받은 경우, 게스트가 나 몰라라 하는 경우에는 대응하기가 쉽지 않습니다. 이를 대비해 별도의 보증금을 미리 받기도 합니다. 저도 6개월간 보증금을 받으며 운영해 보았지만 게스트를 잠재적인 가해자라고 생각하는 것 같아서 그리 기분이 좋지는 않았습니다. 게스트 입장에서도 어차피 돌려받을 돈을 미리 내는 것이 그리 유쾌한 경험이라고 생각되지 않았습니다.

생각보다 에어비앤비라는 플랫폼이 감당하거나 해소해 주는 편의적, 실질적, 심리적인 비용이 크다고 생각합니다. 에어비앤비가 모든 단점을 해결하는 최고의 솔루션은 아닙니다. 인스타그램처럼 자신의 채널에 팔로워를 많이 가지는 게 좋다는 건 여전히 동의합니다. 에어비앤비는 숙박 서비스를 이용하려는 목적을 가진 고객이 이용하지만 스테이의 작은 변화나 새로운 소식 등을 꾸준히 알리기에는 부족합니다. 인스타그램은 일상을 공유하고 들여다보는 사람이 많은 플랫폼이므로 각 플랫폼의 성격을 잘 이용하면 부족한 점을 보완하는 데 도움이 될 것입니다.

그럼 인스타그램은 어떻게 운영해야 할까요?

많은 스테이들이 인스타그램을 운영합니다. 스테이는 사진으로 보이는 측면이 중요하기 때문에 인스타그램에 홍보하기 적절합니다. 팔로워가 수만 명인 인플루언서를 동원해 스테이를 체험하게 하고 후기를 인스타그램에 올려서 홍보하는 경우도 많습니다. 이런 식으로 자신의 스테이를 대상화하여 인스타그램을 개설하고 사진과 이야기를 하나하나 쌓아 나가는 것은 홍보에 도움이 됩니다. 또한 에어비앤비만으로 부족한 고객의 유입도 보완할 수 있습니다. 다만 인스타그램 같은 SNS의 운영은 꾸준하게 콘텐츠를 생산하고 소통하는 것이 중요하므로 적지 않은 에너지가 들어갑니다. 초반에 의욕적으로 시작하더라도 1, 2년이 지나면서까지 비슷한 열정을 유지하는 것은 매우 어렵습니다. 일전에 대화를 나눠 본 유명 스테이 큐레이션 플랫폼 회사의 임원은 호스트들의 열정적인 자기 홍보가 딱 2년 간다는 이야기

돈이 되는 공간

를 하기도 했습니다. 따라서 주당 1~2회 게시물 업로드, 팔로우 등 꾸준히 할 수 있는 목표를 세워 두는 것이 좋습니다.

4

에어비앤비
느끼기

에어비앤비를 운영하며 겪게 된 일들과 만난 사람들

강릉 마당집 오픈 후 1년간 취한 전략

운영 초기에는 스테이 오픈 준비, 게스트 맞이, 에어비앤비 판매 설정에 중점을 뒀다면 중기로 접어든 지금은 게스트 만족도에 신경을 쓰고 있습니다.

에어비앤비는 후기를 남기는 시스템이 잘 구축되어 있습니다. 게스트와 호스트가 서로 후기를 남기면 공개되는 방식인데, 때로는 후기가 솔직하지 못할 수도 있다고 생각합니다. 정이 많은 민족이다 보니 3점 줄 것을 5점 주기도 할 겁니다. 그래서 저는 에어비앤비에 남기는 리뷰 외에 스테이 개선을 위한 설문을 별도로 받고 있습니다. 게스트들이 남겨 준 점들을 보완하고, 그것을 다음 게스트에게 안내합니다. 물론 피드백을 남긴 게스트는 이미 떠난 후라 의미가 없지만, 이전 게스트가 남긴 의견을 보완하여 준비했다고 하면 다음 게스트도 좋아합니다. 게스트 의견에 귀 기울이는 스테이라는 걸 은연중에 인지할 테니까요. 또 재방문 프로모션을 진행하거나 스테이 SNS에 올릴 수 있는 사진을 보내 주는 고객들에게 소소한 선물을 주기도 합니다. 보내 준 후기는 주 1회 게시물로 올라가도록 예약해 두었습니다. 다시 말하면, 고객 후기로 SNS 마케팅까지 하고 있는 셈이지요.

다른 스테이의 인스타그램을 보면 유독 감각적인 사진이나 '살랑살랑' '고즈넉한 봄바람' 같은 휴식을 미화한 문구가 많은데, 앞서 말했듯이 스테이 큐레이션 플랫폼 회사 임원의 말을 빌리자면 호스트의 SNS 마케팅은 딱 2년 간다고 합니다. 게스트가 남긴 후기는 많은 시간을 들이지 않으면서도 지속적으로 게시물을 올릴 수 있는 소재가 되고, 스테이를 찾는 잠재 게스트에게도 필요한 정보가 된다고 생각합니다.

기상천외하게 힘들게 하는 고객 사례와 대응 방법

호스팅을 하다 보면 힘든 게스트를 만날 때가 있습니다. 물론 대부분의 게스트는 호스트를 이해하고 서로 배려하지만 가끔은 이해하기 어려운 경우도 있습니다. 제가 직접 경험한 것은 아니지만 예약을 하면서 약 20개의 질문을 던진 게스트의 이야기를 들어 본 적도 있습니다. 물론 며칠간 머무를 곳이니 꼼꼼하게 질문할 수는 있겠지만 지나치게 깐깐하거나 자신의 마음이 들지 않을 경우 강한 컴플레인을 할 것으로 예상이 된다면, 가장 좋은 방법은 이런 게스트의 예약을 받지 않는 것입니다. 호스트가 제공하는 서비스와 스테이의 조건이 완벽하기란 어렵습니다. 또한 취향은 제각각이기 때문에 어느 정도 청결도와 스테이 조건을 갖춘 뒤 게스트와 호스트가 서로 양해하며 불편함이 있을 경우 이를 잘 해소해 나가는 과정이 중요한데, 그런 과정이 어려운 게스트로 판단될 때는 과감하게 예약을 거절하는 것도 좋은 방법입니다.

다행히 에어비앤비로 예약을 받는 경우는 게스트와 호스트가 메시지로 간단하게 이야기하는 절차가 있고, 호스트도 후기뿐 아니라 게스트가 다른 호스트로부터 받은 별점과 후기를 볼 수 있으니 이를 잘 참고하면 도움이 됩니다. 10번 이상의 예약 내역이 있는데 호스트 별점이 5.0 만점인 게스트의 경우에는 십중팔구 호스트에게도 매우 좋은 게스트이므로 안심하고 예약을 받아도 좋습니다.

다음은 게스트를 대하는 몇 가지 팁과 주의해야 할 사항들입니다.

첫째, 거절은 반드시 필요합니다

호스트에게 가장 어려운 것 중 하나는 예약 요청을 거절하는 것이라고 생각합니다. 하지만 거절해야 할 때는 반드시 단호하게 거절을 해야 합니다. 거절할 상황임에도 거절하지 않아 발생하는 문제는 호스트의 탓도 큽니다. 예약 전 문의라면 예약을 거절하는 것이 필요하고, 예약 이후 문의라도 요청을 거절하는 것이 필요합니다. 저는 다음과 같은 문의를 받았을 때 거절했습니다.

① 마당에서 직접 가지고 온 화로에 장작불을 피워도 되나요?
② 잠시 친구 가족이 들려도 되나요?
③ 작은 강아지를 데리고 와도 되나요?

이때 중요한 건, 바로 정중하게 거절하는 게 좋다는 것입니다. 게스트는 잘 몰라서 문의한 것일 수도 있으니 화를 내지 말고 거절의 이유를 잘 설명해 주는 것이 좋습니다. 게스트가 잘 이해하지 못한다고 화를 내면 다툴 수도 있고, 감정이 남을 수도 있습니다. 따라서 애당초 싸움을 만들지 않는 게 좋습니다. 게스트는 필요에 의해 요청할 수 있다는 점을 이해하지만 요청을 들어 줄 수 없는 이유를 설명하고 들어 주지 못해 미안하다는 표현을 하는 것이 좋습니다.

돈이 되는 공간

둘째, 신규 호스트라면 다음과 같은 상황을 주의해야 합니다

여러분이 이제 막 시작한 신규 호스트라면, 들어오는 예약 한 건 한 건이 신기하면서 한편으로는 염려될 것입니다. 다음의 상황이 있다면 주의하는 것이 좋습니다.

① 게스트가 과도한 할인을 요청하거나 에어비앤비 수수료가 비싸다는 이유로 에어비앤비 결제가 아닌 계좌이체 등으로 예약을 요청하는 경우

② 교외 지역이 아닌 도심 지역에서 호스팅을 하는데 당일 밤 늦게 체크인을 하겠다고 예약하는 경우

③ 친구 여러 명이 파티를 하겠다고 예약하는 경우

④ 영화나 드라마 등의 촬영을 위해 예약하는 경우

⑤ 스테이에서 수용할 수 있는 최대 인원을 훌쩍 넘는 인원으로 예약 요청이 들어오는 경우

스테이를 운영하다 보면 원치 않는 일이 생깁니다. 예약한 인원과 다르게 추가로 가족이나 친구를 몰래 스테이에 데리고 오는 경우, 말도 없이 반려동물을 데리고 입실하는 경우, 사전에 협의하지 않고 마당에 장작불을 피우는 경우, 실내에서 흡연한 흔적이 발견되는 경우 등 호스트로서 참기 어려운 일들이 생길 수 있습니다. 숙박 중에 이런 일을 발견한다면 과감하게 고객센터

에 알리고 퇴실 등의 강한 조치를 하는 것이 좋습니다. 또한 다시 발생하지 않도록 스테이 이용 안내사항에 꾸준히 명시해 나가는 것이 나중을 위해 좋습니다.

악성 게스트를 걸러낼 수 있을까

모든 호스트의 공포의 대상, 소위 '악성 게스트'에 대해서 이야기해 볼까 합니다. 어떤 분들은 흔히 복불복이라 호스트가 사전에 판단하거나 걸러낼 수 없다고도 합니다. 호스트 카페에서는 블랙리스트를 만들어 공유하자는 의견도 있습니다만, 실현하기 매우 어려운 이야기입니다. 대체로 악성 게스트는 특징과 패턴이 있다고 생각합니다. 지금까지 수백 번의 호스팅 사례를 돌아보며 정리해 보겠습니다.

제가 만난 게스트는 대부분 호스트와 스테이를 배려하는 분이었습니다. 호스트 커뮤니티 등을 보면 심심치 않게 악성 게스트를 만나서 고생하는 호스트의 사례가 올라옵니다. 사전에 이런 게스트를 알아보고 예약을 받지 않을 수 있다면 좋겠지만 어려운 일입니다. 저는 감사하게도 쓰레기 폭탄을 선사하거나 물건을 파손하거나 실내에서 흡연을 하는 등의 악성 게스트는 아직

한 번도 만나보지 못했습니다. 악성 게스트는 다음 몇 가지 특성이 있는 것 같지만, 편견이 담길 것 같아 조심스럽네요.

다음의 경우는 조금 특이한 상황이므로 게스트와 충분히 이야기를 하거나 잘 고민해서 예약을 수락하는 것이 좋습니다.

① 늦은 저녁 예약해서 바로 체크인하려는 경우

② 호스트로부터 받은 후기에 좋지 않은 내용이 있거나 평점(3점대)이 낮은 경우

③ 예약 요청 메시지를 정식으로 알아볼 수 있게 적지 않고 단어 위주로 매우 짧게 보내는 경우(저는 단지 '여행'이라고만 적은 게스트에게 어떤 형태의 여행인지, 가족과 함께 오는지 등을 문의했는데 아무런 답이 오지 않아 예약을 수락하지 않은 경우도 있습니다.)

④ 다양한 질문을 하는 것은 좋은데, 지나치게 따지는 듯한 질문을 하는 경우

⑤ 평범함을 넘어선, 과도한 요청을 무상으로 요구하는 경우

⑥ 다른 스테이에서 느꼈던 불만으로 인해 옮기는 것이라며 이 스테이는 이런저런 문제가 없는지 문의하는 경우

⑦ 에어비앤비 수수료가 비싸다며 현금 결제를 요청하는 경우(특히 일주일 이상 장박의 경우)

스테이 평점이 5.0에서 4.86으로 내려가다

에어비앤비 호스트는 스테이를 예약한 게스트의 평가를 볼 수 있습니다. 자연히 강릉 마당집을 예약한 게스트는 어떤 사람인지 관심이 갑니다. 후기가 몇 개인지, 어떤 평점을 받았는지도 궁금합니다. 실제로 에어비앤비를 꽤 많이 이용하고 평점도 좋은 게스트들로부터 예약을 받는 기분은 늘 특별합니다.

어느 날, 예약을 받았습니다. 2박 3일로 부부가 딸과 온다고 합니다. 매우 친절하게 메시지와 예약 문의를 주었습니다. 제가 받아 본 게스트들은 보통 후기가 2~4개 정도인데 이 게스트는 후기가 10개도 넘었습니다. 평점도 5.0이었던 걸로 기억합니다. 예약 요청이 오면 호스트는 24시간 안에 예약 여부를 결정해야 하는데, 망설일 이유가 없었습니다.

그 게스트가 체크인하는 날, 짧게 통화를 했습니다. 간단한 감사 인사와 함께 궁금하거나 불편한 일이 있으면 메시지를 달라는 간단한 통화였습니다. 그 게스트는 부드럽고 상냥한 목소리로 "전화 주셔서 감사합니다"라는 말로 통화를 마쳤습니다. 보통 이런 말을 하는 사람은 친절하다고 생각하는 편입니다. 그래서 '이번 게스트도 잘 지내다 가겠구나' 하는 가벼운 안도감이 들었습니다.

며칠 뒤, 게스트가 체크아웃하는 날이 되었습니다. 보통은 메시지로 서로 간단한 인사와 특이사항을 이야기하고 체크아웃하는 게 일반적입니다. 그 게스트는 "잘 지냈는데 다만 욕실 커튼에 곰팡이가 있고, 베개 2개에서 냄새가 난다"고 했습니다. 좋은 스테이인데 혹시나 이런 걸로 인해 다른 게스트들에게 좋지 않은 평을 받을까 봐 염려되어 이야기하는 것이라 했습니다.

조금 놀랐지만, 우선 빠르게 수습해야겠다는 생각이 들었습니다. 죄송하다고 메시지를 보내고, 게스트에게 전화를 걸어 다시 사과를 하고 5만 원짜리 스타벅스 모바일 상품권을 보냈습니다. 진심 어린 사과와 보상이 할 수 있는 '최선의 방어'라고 생각했습니다. 한편으로는 상품권을 받으면 조금이나마 안타까운 마음에 리뷰와 별점을 잘 주지 않을까 솔직히 기대하기도 했습니다. 그 게스트는 사람이 하는 일인데 그럴 수 있으며 좋은 집에서 잘 쉬고 간다며 상품권은 마음만 받겠다고 했습니다.

그간 우리 스테이를 다녀간 게스트들은 모두 만점의 평점을 주었기에 당시 스테이의 평점은 5.0 만점이었습니다. 그런데 이번 게스트는 이튿날 4점의 평점을 주었습니다. 그 결과 평점이 5.0에서 4.86으로 내려갔습니다.

그날 퇴근한 뒤 샤워를 하면서 문득 이런 생각이 들었습니다. 저는 빠른 사과와 메시지, 전화 통화로 죄송한 마음을 전달했고

5만 원짜리 스타벅스 상품권을 보내며 게스트에게 별 5개를 기대했습니다. 게스트는 정중하게 상품권을 사양하고 별 4점을 주었습니다. 저는 게스트에게 별을 사려고 했고, 게스트는 자신이 할 수 있는 권리를 행사했습니다. 여기에는 전혀 잘못된 것이 없습니다. 저는 서비스를 제공하고, 게스트는 돈을 지불하고 자신의 고유 권한인 평가를 한 것이지요. 제 행동을 돌아보게 되었고, 이 결과를 겸허하게 받아들이는 게 좋겠다는 생각이 들었습니다. 게스트의 정중한 태도와 평가로 하나 배웠습니다. (현재는 다시 4.92점으로 점수를 회복했습니다.)

스트링 라이트 전구가 바람에 떨어져 깨지다

바람이 많이 부는 겨울날이었습니다. 스트링 라이트 전구가 바람에 떨어져 깨졌습니다. 아내와 퇴근하고 밤에 강릉으로 달려갔습니다. 전구가 깨지면 유리 조각이 아주 작고 날카롭게 산산조각 난다는 것도 그때 알았습니다. 휴대전화 조명을 켜서 비춰가며 유리 조각을 하나하나 주워야 했습니다.

최대한 원격으로 스테이 운영이 가능하도록 준비했는데 어쩔 수 없이 이런 일이 생길 때는 힘이 들었습니다. 심지어 평일이었

돈이 되는 공간

는데, 다음 날 게스트가 올 예정이었기에 새벽까지 깨진 조각을 줍느라 고생을 좀 했습니다. 저야 그렇다 치더라도, 추운데 손 시려가며 고생한 아내에게 미안한 마음과 솔직히 괜한 일을 했나 싶은 생각도 조금 들었습니다.

인스타그램에서 예쁜 소품, 장식으로 꾸민 스테이를 구경하다 보면 우리 스테이에도 시도해 보고 싶지만, 결국 '원격으로 관리할 수 있는가'를 기준으로 다시 한번 생각해 보게 됩니다.

우리 집 담벼락에 누가 고추를 심어 놓다

인테리어 공사를 위해 종종 강릉 마당집에 들리던 때였습니다. 어느 날 강릉 마당집에 갔더니 집 대문 담벼락 앞에 고추, 토마토 모종이 심어져 있는 것이 아닌가요. 순간 별생각이 다 들었습니다. 이 담장은 우리 집 것이지만 담장 바깥은 엄밀히 말해 우리 땅이 아니니 누군가가 작물을 심어도 강제로 뽑아낼 수 없다는 것을 알고 있는 게 분명했습니다. 아무리 그래도 자기 집 근처 땅을 놔두고 2평도 되지 않는 이곳에 굳이 채소를 심어 둔 건 무슨 뜻일까 고민했습니다. 그러던 중 이웃 아주머니가 고추와 토마토를 심어 놓았다는 것을 알게 되었고, 그 의도를 정말 이해할 수 없었습니다. 당장은 공사를 해야 하니 내버려 두고 나중에 이야기하자 싶었습니다. 모종을 발견한 건 대략 5월경이고, 마당 둘레에 담장 공사를 한 것은 7월경이니 대략 두 달 정도는 신경 쓰며 지낸 것 같습니다. 아주머니가 심어 놓은 채소 덕분에 담장 앞은 공사하지 못했습니다. 담장 공사를 하던 날, 남의 집 정문 앞에 농사를 짓는 것이 이해되지 않았지만 울타리 사장님은 작물을 수확하고 거두어 내면 다시 해 줄 테니 두어 달 기다렸다 하자고 했습니다. 덕분에 공사를 두 번 하게 되었지요.

한해살이 고추와 토마토를 수확하는 시기를 기다렸다가 정문 앞 공사를 하기로 했습니다. 공사 전 미리 이웃집 아주머니께 공사를 하려고 하니 작물을 거둬달라고 부탁드렸고, 이웃 아주머니는 치워 주셨습니다. 이것 때문에 공사를 못한 건 아닌지, 진즉에 이야기하지 그랬느냐는 말을 들으니 마음이 조금 누그러워지고 다행이다 싶기도 했지만 당시에는 정말 특이한 일이라고 생각했습니다.

돈이 되는 공간

게스트에게 30만 원을 물어 주고 정신이 번쩍 들다

강릉 마당집을 꾸미고 첫 겨울을 맞았습니다. 단독주택의 겨울은 추위와의 싸움이자, 난방비와의 사투가 펼쳐지는 시기입니다. 한겨울 어느 날, 게스트를 맞았는데 온수가 잘 나오지 않는다고 합니다. 얼마나 불편할까 싶어 부랴부랴 설비업체 사장님과 연락해서 감압 밸브를 설치했습니다. 그나마 조금 나은 것 같았습니다. 그래도 내심 불안했습니다. 다음 게스트가 와서 온수가 잘 나오지 않는다고 했지만, 어찌어찌 넘어갔습니다. 그런데 그 다음 게스트는 온수가 거의 나오지 않는다며 숙박비 일부를 보상해 달라고 했습니다.

셋째 아들 첫돌 축하로 받은 돈 30만 원을 보상금으로 건넸습니다. 직접 가서 게스트를 만나 인사하고 봉투에 담은 돈을 건네고 나왔습니다. 동시에 가스 온수기 업체를 섭외해서 그날 바로 설치했더니 곧장 따뜻한 물이 나왔습니다. 정신이 번쩍 들었습니다. 제대로 하지 않으면 소중한 것을 놓치게 될 수도 있다는 것을 깨달은 순간이었습니다. 적어도 스테이 운영은 철저히 해야 한다는 생각이 들었습니다. 게스트도 불편하고, 나도 피 같은 돈을 잃고……. 온수기 설치비 100만 원을 들이고서야 정신이 들었습니다.

에어비앤비에 묵었는데 호스트가 나를 알고 있다

에어비앤비 슈퍼호스트에 선정되면 좋은 점이 또 하나 있습니다. 바로 에어비앤비 스테이에 사용할 수 있는 할인 쿠폰을 준다는 점이죠. 100달러짜리 쿠폰을 주니 다른 스테이를 이용해 보는 것도 충분히 고려할 만합니다. 쿠폰도 있겠다, 주말에 아이들과 근교 나들이도 갈 겸 에어비앤비를 둘러보다가 새로 오픈한 춘천의 멋진 스테이를 발견했습니다. 너른 마당이 있는 2층 주택으로, 성인 6명도 머물 수 있는 넉넉한 크기의 스테이였습니다. 부모님을 모시고 아이들과 함께 춘천에 갔습니다. 늘 강릉 마당집에서 머물다가 다른 호스트가 운영하는 스테이에 오니 색다른기분이 들었습니다. 무엇보다 호스트의 눈으로 보게 되는 점이 신기했습니다. 꼼꼼하게 꾸민 정원을 보니 아마도 호스트는 저처럼 원격지에서 운영하는 것이 아닌, 근처에서 왕래하며 직접 관리하는 것 같았습니다. 여기저기 안내문을 A4 용지에 적어 코팅해서 비치한 것과 문구, 글자 크기 등을 보니 왠지 50대 이상의 시니어 호스트인 것 같았습니다.

에어비앤비를 예약할 때 메시지를 보내고, 호스트는 게스트가 다른 호스트로부터 받은 후기나 호스트 여부 등 여러 가지 정보를 볼 수 있습니다. 이 스테이의 호스트도 제가 호스팅을 하고 있

돈이 되는 공간

으며 그동안 받거나 남긴 후기를 보았을 테지요.

아무튼 가족과 함께 마당과 스테이 곳곳에서 좋은 시간을 보냈습니다. 1박 2일의 짧은 일정을 마무리하고 돌아가는 날 아침에 호스트로부터 메시지가 도착합니다. '에녹Enoch(블로그와 에어비앤비에서 제가 사용하는 닉네임입니다) 님의 블로그를 잘 보고 있으며, 스테이 준비를 할 초기에 도움을 받았습니다'라는 내용이었습니다. 메시지를 보고 깜짝 놀랐습니다. '와 이럴 수가' 싶었죠. 부모님도 놀라시고 신기해하는 눈치입니다. 체크아웃 준비를 하다가 왠지 머문 자리를 다시 돌아봐야겠다는 생각이 들었습니다. 침구와 수건 세탁까지는 할 수 없지만 나머지는 스테이에 오기 전과 비슷하거나, 어쩌면 조금 더 깨끗한 상태로 청소와 정리를 해 두었습니다. 체크아웃 후 상세하고 솔직한 후기도 남겼습니다.

집에 돌아온 후, 호스트에게 고맙다는 인사를 들으니 기분이 좋으면서도 나를 아는 사람이 있을 수도 있겠다는 생각이 들어서 기분이 묘했습니다. 평소에 블로그 등 소셜 미디어를 적극 이용하는 편인데, 누군가 지켜볼 수도 있으니 말과 행동에 더욱 신중해야겠다는 생각도 들었습니다. 가끔 지인과 에어비앤비에 관한 이야기를 할 때 이날의 에피소드를 이야기하곤 합니다.

강릉에 내려와 하우스키핑하는
28세 사장님을 만나다

에어비앤비 호스트 카페에서 우연히 알게 된 사람이 있습니다. 강릉에서 에어비앤비 호스트를 대상으로 청소, 세탁 등의 일을 대신 해 주는 이태희 님입니다(이분을 통해 이런 일들을 '하우스키핑'이라고 부르며 '청소'와는 다르다는 것을 알게 되었습니다). 이분은 하우스키핑을 본업으로 하는 회사를 설립하고 직접 스테이를 다니며 일도 하고, 일이 커짐에 따라 도와주는 사람도 고용해서 사업을 꾸려가고 있었습니다.

이태희 님은 저와 띠동갑 이상 나이 차이가 나는 청년입니다. 홀로 강릉에 내려와 기거하며 일을 따내고 확장해가는 모습이 정말 대단해 보였습니다. 이 일에 자부심도 있고, 무엇보다 스스로가 세운 일에 대한 높은 기준이 있었습니다. "저는 하우스키핑에서 머리카락이 2개 이상 나오면 안 된다고 생각해요"라는 모습이 인상적이었습니다.

1년 넘게 알고 지내며 일을 부탁했는데, 이보다 더 잘할 수 있을까 싶을 정도로 완벽하게 일 처리를 하는 걸 보고 저도 많이 배웠습니다. 낡은 승용차를 몰고 다니며 차에서 잠을 자고 주당 80시간을 일하고 연 수입 1억 원을 달성했다며 웃는 모습에서, 단지 돈이 아닌 성실함과 신뢰를 쌓고 있는 모습이 보였습니다. 나중에 사업을 한다면 이 사람과 하고 싶다는 생각이 들었습니다. 지금은 다른 일을 위해 고향으로 돌아갔지만 언젠가는 다시 강릉에서 만날 것 같은 생각이 듭니다.

나는 IT 회사에서 일하는 사람인데 주말에는 잡초를 뽑고 있네?

강릉 마당집에서 정신없이 청소나 정비를 하며 가끔 이런 생각에 빠집니다. '이게 과연 투자 대비 수익이 나는 일일까?' '나는 IT 회사에서 일하는 사람인데 주말에는 잡초를 뽑고 있네?'

의미 있는 일이라는 것이 제가 내린 결론입니다. 수익도 중요하지만 공간 자체가 주는 의미도 있기 때문입니다. '나는 이런 일을 하는 사람이지만, 저런 일도 잘할 수 있구나' 하며 스스로를 발견할 수도 있습니다. 삶에 의미를 가져다주는 것이죠.

마당집에서 스테이를 하다 보면, 게스트가 머물 때도 좋지만 게스트가 없는 날에는 가족들과 머물 수 있어서 좋습니다. 마당 있는 삶을 꿈꿔왔으니까요. 또한 고객의 95%가 아이를 키우는 부부인데, 아이들을 위해 준비해 놓은 욕조나 미니 수영장을 보고 만족할 때 동질감을 느껴서 좋습니다.

그래도 스테이를 잘 운영하려면 감성적인 것만을 생각할 수는 없습니다. 운영 철학이 있어야 하지요. 저는 상황에 맞게 할 수 있는 만큼 하는 것이 가장 좋다고 생각합니다. 자칫하면 애정이 아니라 애증의 스테이가 될 수 있기 때문입니다. 게스트의 입장을 존중하는 것도 필요합니다. 게스트가 불편한 점을 표현한다는 건 정말 많이 고민한 후에 말하는 거란 사실을 생각하면, 정말 감사한 일입니다. 피드백을 잘 듣고 개선해 나간다면 점점 좋아질 수 있지 않을까요?

스테이 운영은 어떻게 보면 작은 사업이니 추후 큰 사업을 할 때 기반이 될 수 있는 경험이지 않을까 생각합니다. 만약 스테이 창업을 고민 중이라면 입지 선정부터 운영 방법까지 도움받을 방법은 다양하니 일단 시작해 보길 바랍니다.

참, 강릉 마당집을 매입하고 두 번의 여름을 보내면서 끊임없이 자라나는 잡초에 두 손을 들고 말았습니다. 햇수로 3년이 되는 가을에 주택 앞의 주차장과 마당의 삼분의 일을 콘크리트로 덮었습니다. 잡초가 주로 나는 부분을 아예 덮어버린 것이죠. 2년 정도 잡초와 전쟁을 벌인 후에 도저히 안 되겠다고 결심을 한 것이죠. 그 이후에 잡초를 뽑는 수고는 거의 십분의 일로 줄어들었습니다.

돈이 되는 공간

기억에 남는 게스트

스테이를 운영하며 마음이 조마조마해지는 순간이 있습니다. 바로 게스트가 체크아웃한 뒤 남기는 후기를 열어 볼 때입니다. 후기는 스테이에 공개적으로 남아서기도 하지만, 한편으로는 호스트에게 쓰는 편지 같기도 해서 후기를 열어 볼 때면 늘 여러 마음이 듭니다.

스테이를 꾸미며 기대했던 것들과 동일하게 게스트들이 공감하는 모습을 볼 때는 정말이지 게스트와 교감을 나누는 듯 합니다. 다음은 기억에 남는 게스트의 후기를 몇 개 가져와 본 것입니다(에어비앤비 후기에는 사진을 등록할 수 없으나 게스트로부터 따로 사진을 받아 함께 게재합니다).

여행은 살아보는 것

♥ 내가 원하던 깔끔하고 예쁘고 안락한 곳, 바다가 가깝고 마당이 있는 집. 에어비앤비를 이용하며 손에 꼽도록 만족하는 집 중 하나였습니다. 비교적 오픈한 지 얼마 안 된 것도 있지만, 아이템 가구 하나하나까지 주인 내외분들의 센스를 엿볼 수 있는 곳이었어요.

　'여행은 살아보는 것'에 대한 모토가 너무나 잘 맞아서 나도 모르게 가족들에게 "집으로 가자"라고 말하며 2박 3일을 보낸 곳입니다.

돈이 되는 공간

이제 걸음마를 시작하는 우리 아이와의 여행을 너무나 행복하게 만들어 준 곳이기도 하고요. 더불어 위치도 너무 마음에 들고 보내 주신 핫플레이스 리스트 또한 세심한 배려가 돋보여 고민하는 시간마저 줄이며 여행에 집중할 수 있었다는 것에 너무나 감사한 마음을 전합니다.

지역 주민들의 농산물을 구입할 수 있는 ○○○ 마트는 정말 집 앞으로 데려오고 싶었어요.

캠핑 느낌 느껴 보기

♥ 7개월 아기랑 떠나는 첫 가족 여행이었습니다. 그동안 국내 외에도 해외 에
어비앤비를 종종 이용했는데 제가 이용했던 스테이 중에서 세 손가락에 드네요.

아무래도 어린 아기랑 같이 지내다 보니 우선적으로 청결하고 위생적인 스테
이를 찾았는데 정말 꾸준히 내 집같이 관리하는 티가 났습니다. 이제 한창 서기
시작하는 아이라 뭐든지 잡고 일어서는데, 보이지 않은 부분들도 깨끗하게 관리
되고 있더라고요.

그리고 곳곳에 호스트 님의 안내가 적혀 있어서 특별하게 호스트 님에게 도
움 요청할 필요도 없었는데, 중간중간 잘 지내는지 먼저 체크해 주시고 문의드

돈이 되는 공간

리면 5분 이내로 바로 응답해 주셨어요.

강릉 마당집에서 잔디밭에 돗자리를 깔고 앉아서 간식도 나눠 먹고, 캠핑 느낌이 나게 불멍도 하고, 창밖으로 까꿍놀이도 해 보고, 비가 올 때는 목욕탕에서 첨벙첨벙 물놀이도 했습니다.

지내는 2박 3일이 너무 즐거웠어요. 다음에 또 방문할 의사 10000%입니다.

아이와 자전거를 타고 마트에 가던 기억

♥ 조용하고 평화로운 마을에 위치한 강릉 마당집입니다. 주변 인프라가 훌륭하고 집은 조용하며 마당에서 마시는 모닝커피의 여유는 잊지 못할 것 같아요. 간단한 캠핑 장비도 있어서 저녁에 즐거운 시간을 보낼 수도 있고요. 집 내부는 깔끔하고, 화장실 미니 수영장도 아이가 참 좋아하더라고요. 쉬면서 머무르고 가기에 더없이 좋았습니다. 아, 자전거를 타고 아이와 근처 마트로 장 보러 가는 길의 그 짧은 시간을 잊지 못할 것 같아요.

돈이 되는 공간

강릉 마당집에 3년 연속으로 방문한 티모페이 랍신Timofei Lapshin 선수 가족.
그는 2017년 정부로부터 특별귀화 허가를 받아 대한민국 국적을 얻었다.
2018년 평창 동계 올림픽에 참가해 남자 10km 경기에서 16위에 오르며
대한민국 바이애슬론 선수로는 동계 올림픽 최고 순위를 기록했다.

♥ 이 숙소에 처음 온 것은 아니며 모든 것이 절대적으로 마음에 듭니다. 우리의

휴가는 훌륭했습니다. 모두에게 강력하게 추천합니다.(번역됨)

5

에어비앤비
100% 활용하기

국내 유일 전문가가 되다

앰배서더가 되어 1200명을 코칭하다

에어비앤비는 수년 전부터 슈퍼호스트 중 소수를 선발하여 신규 호스트에게 도움을 주는 '에어비앤비 슈퍼호스트 앰배서더(이하 앰배서더)' 제도를 운영하고 있습니다. 국내 호스트는 약 6만여 명으로 알려져 있고, 앰배서더는 14명이 활동하고 있습니다(2024년 8월 기준). 저는 2021년 말에 앰배서더로 선정되어 약 1200명의 호스트와 온라인으로 만나 도움을 드리고 있습니다. 앰배서더와 호스트는 에어비앤비에 의해 매칭되며, 메시지를 통해 질문과 조언을 주고받게 됩니다.

호스트마다 지역과 스테이 형태가 아주 다양합니다. 준비 상태나 스테이를 대하는 자세도 매우 다양합니다. 온라인 서비스나 스마트폰을 다루는 데 어려움을 겪는 호스트도 많고, 한두 가지만 알려 줘도 척척 잘해 나가는 분들노 있습니다. '봉장 능복은 어떻게 하나요?' '스테이를 등록했는데 노출이 되지 않아요' 와 같은, 호스팅을 준비하며 생겨나는 수많은 질문들에 찾아가며 답해 주다 보니 어느덧 에어비앤비의 기능을 훤히 알게 되었습니다.

에어비앤비는 실제 공간에 존재하는 스테이를 온라인에 등록해 게스트를 연결시켜 주는 온라인 서비스입니다. 오프라인에 존재하는 게스트와 호스트가 온라인에서 만나는 것이죠. 이 만남은 호스트가 자신의 스테이를 온라인에 등록하는 것으로부터 시작합니다. 이것을 최근에는 디지털 전환Digital Transformation이라고 부르는데, 디지털 전환에 익숙한 젊은 세대 호스트들은 누군가에게 물어보지 않고도 게스트에게 보이는 이미지를 상상해가며 자신의 스테이를 온라인 공간에 멋지게 잘 전환해냅니다.

하지만 상대적으로 그렇지 못한 50대 이상 시니어 호스트들은 이 과정에서 애를 먹습니다. 제가 의미 있게 생각하는 것은 바로 이 디지털 전환 과정에서 애를 먹는 호스트들에게 작은 도움을 드리면 초반에 이탈하는 일 없이 적응하여 안정적인 스테이 서비스를 제공할 수 있다는 점입니다. 시니어 호스트들도 서비스와 기능에 익숙해지면 젊은 사람들 못지않게 높은 별점과 후기를 받는 일이 많습니다. 에어비앤비 호스팅은 온라인과 오프라

돈이 되는 공간

인의 역량이 모두 필요하기에 나이에 상관 없이 누구나 조금만 적응하면 훌륭하게 해낼 수 있다고 믿습니다.

시간 낭비 없이 효율적으로 시작하기

이번 장에는 호스트로서 에어비앤비 서비스를 최대한 잘 이해하고 활용하는 노하우를 담았습니다.

에어비앤비에서 자신의 스테이를 판매하려면 누구나 거쳐야 하는 스테이 등록 과정부터 운영해 나가며 보완하는 방법, 요금을 정하고 프로모션을 등록하며 첫 게스트를 받게 되는 과정부터 편리하고도 효율적인 운영을 돕는 메시지 설정 방법, 하나하나 소중한 게스트의 후기를 놓치지 않고 받는 방법 등을 담았습니다. 또한 있어서는 안 되겠지만 스테이의 일부나 물품이 파손되었을 때 도움받는 방법도 소개합니다. 다만 매뉴얼처럼 상세히 담기보다는 전체적인 맥락을 이해할 수 있도록 했습니다.

확실하게 시작하기

1) 스테이 등록

에어비앤비에 스테이를 등록할 때 필요한 항목은 수십 가지가 넘습니다. 처음 등록하는 호스트는 '뭐가 이렇게 많지?'라는 마음이 들기 마련입니다. 스테이 이름, 주소, 설명 등 필수적인 것들을 우선 채우고 등록해가면서 보완하는 것이 좋습니다. 이후 추가되는 사항들이 반드시 생기게 되는데, 그때마다 꾸준히 업데이트하는 것이 한 번에 완벽하게 등록하는 것보다 더 좋은 방법입니다. 한 번만 등록된 정보보다는 다양한 항목을 꾸준히 고쳐 나가면서 조금씩 완성도를 높이는 것이 게스트에게도 긍정적인 느낌을 줄 수 있습니다. 하지만 꾸준히 스테이 정보를 업데이트하는 것이 쉽지만은 않습니다.

스테이 이름을 '누구네 민박' '조용한 쉼터' 등과 같이 간단하면서도 일반적으로 짓는 경우가 아주 많습니다. 나쁜 이름은 아니지만 게스트가 예약할 때는 적어도 5개 이상의 스테이를 돌아보므로 이름에도 특징을 담아내는 것이 좋습니다. 예를 들어 자신의 스테이가 유명한 관광지에 인접해 있거나, 스테이에 바비큐 시설을 제공한다든지, 무료로 픽업 서비스를 제공한다면 그런 장점을 적어 주는 것이 좋습니다.

돈이 되는 공간

예시) 누구네 민박 → 정동진역 5분 거리/누구네 민박

조용한 쉼터 → (무료 픽업&바비큐) 조용한 쉼터&마당 단독 사용

다음은 참고해 보면 좋을 사항들입니다.

• 스테이 이름은 수시로 변경할 수 있다.

• 호스팅을 하다 보면 이런저런 시설이나 소품이 늘어나는데 그때마다 스테이 정보나 어메니티*등을 업데이트해 주는 것이 좋다.

2) 사진 촬영

아무리 강조해도 지나치지 않는 것이 사진의 중요성입니다. 사진을 찍을 때는 스테이의 모습을 최대한 잘 나타내면서도 매력적으로 보이는 것이 중요합니다. 다음은 사진을 촬영할 때 감안하면 좋은 사항들입니다.

• 사진 촬영하는 날을 잡아서 마음먹고 찍어 본다.

---

* '어메니티(amenity)'의 어원은 '쾌적함, 매력적임'을 뜻하는 라틴어 '아모에니타스(amoenitas)'에서 유래되었습니다. 장소, 환경, 기후 따위가 주는 쾌적성, 아름다운 경관과 사람들의 따뜻함 등을 포괄하는 말입니다. 보통 호텔 같은 숙박 시설에서는 사용하는 다양한 종류의 비품을 주로 일컫는 말로 쓰이지만, 넓은 의미에서는 편의시설 및 서비스 전체를 말합니다.

- 가로 보기로 최적화되어 있으므로 세로보다는 가로 사진 위주로 촬영한나.

- 사진 속에 인물이 들어가면 공간의 크기를 짐작하는 데 도움을 준다.

- 인물 사진을 편집할 때보다 밝기를 더 밝게 조절한다.

- 사진 한 장에 너무 많은 것을 다 담기보다는 한두 가지 강조하고 싶은 것을 여러 장 찍어 게스트가 자연스레 공간을 연상할 수 있게 한다.

- 게스트가 스테이에 들어가서 자연스레 시선이 이동하는 순서대로 사진의 순서도 나열한다.

- 사진마다 조금씩 겹치는 부분을 두어 나열하면 자연스레 스테이의 전체적인 구조를 이해하는 데 도움을 준다.

- 가장 매력적인 스테이의 사진을 커버 사진으로 등록한다.

- 계절 따라 스테이 주변 모습이 변한다면 시간을 두고 여러 계절을 담아 업데이트한다.

- 외부 풍경, 주변 관광지 사진은 전체 사진 개수의 1/3을 넘지 않도록 한다.

- 할 수 있다면 스테이를 촬영해 본 전문가에게 의뢰하는 것이 좋다(보통 사진 촬영은 시간당 수고비를 책정하는 경우가 많으며 최소 1~2시간 정도의 시간이 소요된다. '숨고' '크몽' 등의 인재 매칭 서비스에서 견적을 요청할 수 있고, 생각보다 많은 견적을 받을 수 있다).

- 동영상 파일은 등록할 수 없다.

3) 프로필 설정

호스트나 게스트나 에어비앤비 회원이라면 프로필 페이지가 같습니다. 자기소개, 사진, 가입 연도, 호스트나 게스트로부터 받은 후기, 슈퍼호스트 정보 등이 표기되지요.

신규 호스트는 사진이나 자기소개를 등록하지 않는 경우가 아주 많은데, 게스트는 자신이 묵게 될 스테이의 호스트가 누구인지 반드시 확인하고 메시지를 주고받으므로 호스트 사진과 소개를 등록하는 것이 좋습니다. 호스트의 얼굴을 포함한 상반신이 나오는 사진이 좋고 가급적 친근한 분위기의 사진이 좋겠지만, 부담스럽다면 적어도 사물이나 동물 이미지보다는 '사람'이라는 것을 나타내는 사진이면 좋습니다.

자기소개에 아무것도 등록하지 않으면 '안녕하세요 최인욱입니다'라고만 나오는데, 적어도 호스트라면 왜 호스팅을 시작하게 되었으며 어떤 호스트인지를 나타낼 수 있는 문구가 들어가면 좋습니다. 사람에 따라 소개 적는 것을 어려워하는 경우가 있는데, 그럴 땐 자신이 좋아하는 것을 적어 주면 도움이 됩니다.

예시) 안녕하세요 최인욱입니다. → 강릉을 너무 좋아해 이곳에서 호스팅을 시작하게 되었어요. 바다 낚시, 커피를 좋아합니다.

다음은 제 프로필 페이지입니다. 프로필 페이지에는 생각보다 많은 정보가 들어가는 것을 볼 수 있습니다. 2023년 에어비앤비 서비스 업데이트를 통해 호스트에 대해서 더 잘 파악할 수 있는 소소하고 재미있는 항목들이 추가되었습니다. 이런 작은 시도들이 에어비앤비에 신뢰를 더한다고 생각합니다.

돈이 되는 공간

4) 요금 설정

　요금은 게스트가 가장 중요하게 보는 항목입니다. 입지와 시설이 우수한 스테이는 당연히 인기가 높고, 요금이 비쌉니다. 모든 게스트는 여러 스테이를 둘러보며 자신이 가고 싶은 곳의 조건과 요금을 열심히 비교합니다. 호스트는 자기 스테이의 요금을 설정하는 전적인 권한을 가지고 있습니다. 처음에는 자신의 스테이 요금을 정하는 것이 쉽지 않습니다. 앰배서더로 많은 호스트와 이야기를 해 보면, 모든 호스트가 자신이 받고 싶어 하는 요금을 마음속에 두고 있습니다. 이 마음속의 요금과 실제로 팔리는 요금이 일치하면 좋겠지만 그렇지 않은 경우가 있으므로 요금을 설정할 때는 주변의 비슷한 스테이를 참고하는 것이 좋습니다. 비슷한 스테이는 내 스테이와 가까운 스테이 중 크기, 방 개수, 침대 개수, 최대 이용 인원 수 위주로 판단할 수 있고 바비큐 시설, 인테리어 정도, 수영장, 마당 사용 여부 등 편의시설의 유무도 요금을 책정할 때 참고가 될 수 있습니다.

　에어비앤비는 수백만 개의 스테이 정보와 예약 현황을 바탕으로 게스트가 예약할 만한 '제안 요금(스마트요금)'을 추천해 줍니다. 제가 느끼기에는 설정한 요금보다 10~20% 정도 낮게 추천하는 경우가 있다고 생각하는데, 아무래도 플랫폼인 에어비앤비 입장에서는 팔릴 만한 요금을 제안해야 공실도 줄이고 수익도 올릴 수 있기 때문이라고 생각합니다.

요금은 수요에 따라 결정되므로 스테이 요금을 변동하지 않는 것은 무의미합니다. 또한 요금을 변동한다고 해서 게스트가 좋지 않게 볼 염려도 거의 없습니다. 숙박 상품의 요금이 시기와 수요에 바뀐다는 것은 매우 자연스러운 것으로 알려져 있기 때문입니다. 스테이의 매출 상황, 주변 스테이의 요금 등 필요에 따라 탄력적으로 요금을 변경하는 것이 좋습니다.

다음은 요금에 대한 몇 가지 참고사항입니다.

- 요금은 언제든지 변경할 수 있다.
- 전체 요금 변경 및 특정한 날짜의 요금만 변경하는 것도 매우 쉽다(휴일 등 특별한 날의 개별 요금 조정이 가능하다).
- 요금을 변경해도 게스트에게 신뢰를 잃지 않는다.
- 주중 요금과 주말 요금을 간편하게 일괄 설정할 수 있다.
- 주변 대비 경쟁력 있는 요금을 설정하면 상위에 노출된다.
- 추가 침구, 바비큐 등의 추가 요금이 발생하거나 호스트의 재량에 따라 특정 게스트에게 할인을 제공하고자 할 때 호스트는 원하는 금액을 더하거나 할인해서 게스트에게 제안할 수 있고, 이때 게스트가 수락하면 조정한 금액으로 추가/부분 결제가 이뤄진다.
- 에어비앤비는 주변 스테이의 예약 현황, 경쟁력 있는 요금 등을 분석해서

팔릴 만한 요금을 제안해 주는 '스마트요금' 기능이 있다. 스마트요금을 선택하는 것은 호스트의 자유이며, 실제로 예약률이 올라가는 효과가 있다.

- 스마트요금을 선택할 경우 요금의 하한선과 상한선을 호스트가 설정하고 그 범위 안에서 탄력적으로 변경되도록 운영할 수 있다.

- 호스트는 스테이의 기준 인원 수와 최대 인원 수를 정할 수 있고, 기준 인원 수를 초과하는 게스트에 대해서 추가 요금을 부과할 수 있다(예를 들어, 최대 인원 수가 4명인 스테이에서 기준 인원 수를 2명으로 설정한 경우에 4명이 예약했다면 기존 인원 수를 초과한 2명에 대해서 추가 요금이 자동으로 책정된다).

- 요금에는 '청소비' 항목이 있으며 숙박 일수에 상관없이 1회만 부과할 수 있다.

똑똑하고 효율적으로 운영하기

1) 프로모션

스테이는 보통 주말, 휴일 전후로 먼저 예약이 차고 주중에는 그다음에 차는 경우가 많습니다. 또한 성수기와 비수기가 뚜렷한 경우가 많습니다. 예약이 차지 않는 상태를 공실이라고 하며 공실이 많아질수록 수익은 줄어듭니다. 가만히 있어도 임대료가 빠져나가는 경우는 더욱 그렇습니다. 이럴 때 사용할 수 있는 기능이 '프로모션'입니다. 프로모션은 호스트가 원하는 대로 설정할 수 있는 기간 할인 기능입니다. 달력에서 기간과 할인율을 설정하면 손쉽게 완료되며, 할인율에 따라 게스트에게는 노출되는 정보가 달라집니다.

- 호스트가 원하는 일정, 할인율로 여러 개의 프로모션을 자유롭게 설정 가능하다.
- 할인율은 10~50%까지 설정 가능하다.
- 프로모션 설정 시, ⟨₩200,000 → ₩180,000⟩과 같이 할인 요금이 강조 표기된다.
- 할인율이 20% 이상 되면 에어비앤비에서 게스트에게 보내는 이메일에 게재된다.

2) 즉시 예약

앞서 설명한 것처럼 모든 에어비앤비 게스트는 스테이 예약 시 메시지를 보내고 호스트의 승인을 받아야 합니다. 호스트 입장에서는 좋지만 게스트 입장에서는 불편할 수 있습니다. 이 과정을 생략하는 것이 바로 '즉시 예약'입니다. 즉시 예약을 허용하는 스테이는 호스트에게 예약 요청을 보내서 승인받지 않고도 바로 예약할 수 있습니다. 대부분의 신규 호스트는 게스트에 대

돈이 되는 공간

한 정보가 충분하지 않다는 우려 때문에 즉시 예약 기능 사용을 꺼리기도 합니다. 이를 위해 즉시 예약을 사용할 때는 인증된 정보(설명, 이메일, 인증된 전화번호, 결제 정보, 간단한 소개 메시지, 스테이 이용 규칙에 대한 동의 등)를 가진 게스트만 예약할 수 있도록 설정할 수 있습니다. 처음에는 즉시 예약을 해도 될지 걱정했는데, 막상 예약이 들어오면 거의 거절하지 않는다는 걸 깨닫고 그 이후로는 사용하고 있습니다.

- 즉시 예약은 게스트 편의를 위한 기능이며 결국 호스트에게도 이득이 된다.
- 즉시 예약을 사용하는 호스트의 스테이는 게스트 이용 화면에 표기가 되어 호스트에게 유리한 면이 있다.

3) 최소 숙박일과 준비 기간

말 그대로 최소 몇 박의 예약을 받을지 호스트가 설정할 수 있습니다. 예를 들어, 1박 2일짜리 예약을 받기 너무 번거롭다면 최소 2박 3일 또는 3박 4일부터 받을 수 있게 설정이 가능합니다. 마찬가지로 최대 숙박일도 정할 수 있습니다. 예를 들어, 최소 2박 3일 이상부터 최대 14박 15일까지만 예약을 받을 수 있도록 말이죠. 숙박 기간이 너무 짧아도 또는 너무 길어도 호스트에게는 부담스러울 수 있습니다.

4) 에어비앤비 수수료

에어비앤비는 게스트와 호스트를 연결해 주고 고객센터를 운영하는 대가로 서비스 수수료를 받습니다. 대부분의 호스트는 예약 금액의 3%를 서비스 수수료로 지불하며, 게스트는 일반적으로 요금의 14%가량을 지불합니다. 수수료 체계는 2가지로, '수수료 분담' 방식과 '호스트 전액 부담' 방식이 있습니다. 게스트가 14%, 호스트가 3%를 내는 '수수료 분담'의 경우가 가장 일

돈이 되는 공간

반적입니다. 또한 일부 호스트는 호스트 전액 부담 수수료 방식을 선택할 수도 있는데, 이 방식을 사용하는 경우 수수료 전액이 호스트 수령 대금에서 차감됩니다. 거의 대부분의 호스트가 수수료를 나눠 내는 '수수료 분담 방식'을 채택하고 있는데, 차별화를 위해 호스트 전액 부담 방식을 선택해 보는 것도 좋은 시도로 보입니다. 저도 그렇게 해 본 적이 있는데, 수수료를 제하고 받는 정산 금액이 꽤 차이가 나서 부담되었던 것도 사실입니다. 현재는 다시 수수료 분담 방식으로 바꾸고, 예약을 망설이거나 현금 결제를 문의하는 게스트에게는 게스트가 부담하는 수수료의 일

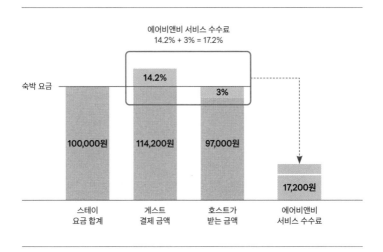

에어비앤비 서비스 수수료(수수료 분담 방식)

부틀 특별가 제안 기능을 통해 할인해드리는 편입니다.

다음은 에어비앤비 말고 계좌이체 등으로 예약을 받을 때 참고할 사항입니다.

- 게스트는 수수료 14%를, 호스트 수수료 3%를 내지 않아도 된다.
- 물품 파손 등의 사고가 있을 경우 에어비앤비에게 보상을 요청할 수 없다.
- 예약이 에어비앤비에서 이뤄지지 않았기 때문에 그 예약에 대한 후기를 받을 수 없다.

나만의 전략 세우기

1) 오픈 초기 전략

저는 2021년 5월 중순에 강릉 마당집의 잔금을 치르고, 6월 초부터 공사를 시작해서 7월 중순에 모든 인테리어를 마쳤습니다. 누구나 그렇듯이 집이 공사로 바뀌는 도중의 모습은 나중에 볼 수 없으니 저도 중간중간 사진으로 담아 두었습니다.

보통은 스테이 준비가 거의 다 된 시점에서 에어비앤비에 스테이를 등록하는 것이 일반적인데, 저는 공사가 진행 중일 때 중간 과정부터 등록을 했습니다. 이런 스테이가 여기 있으니 '변화

돈이 되는 공간

**(준비중) 변해가는 모습 보세요!
마당집, 7월 오픈 예정**

🏆 슈퍼호스트
Yeongok-myeon, Gangneung, 강원도, 한국

**Enoch님이 호스팅하는
집 전체**
집 전체

최대 인원 4명 · 침실 2개 · 침대 2개 · 욕실 1개

🏠 집 전체
　주택 전체를 단독으로 사용하시게 됩니다.

✧ 청결 강화

**요금을 확인하려면
날짜를 입력하세요.**　[예약 가능 여부 보기]

**스테이가 변화하는 과정을
에어비앤비에 담다**

하는 모습을 보세요!'라고 말이죠. 아직 완성된 사진이 없으니
아내가 스케치북에 그린 사진을 올려 두고 앞으로 멋지게 변할
거실, 욕실, 마당 등의 사진도 함께 등록했습니다. 정말 신기했던
것은, 아직 공사 중인데 그 사진을 보고 기대된다며 실제로 예약
한 게스트도 있었다는 것입니다. 모든 스테이가 인테리어 공사
를 하는 것은 아니니 반드시 저처럼 준비 과정을 미리 등록할 필
요는 없습니다.

에어비앤비 스테이는 초기 오픈 시 일정 기간 동안 '신규 등록 스테이'로 상위 노출을 지원받습니다. 플랫폼에서는 잘 되는 스테이만 잘 되기 때문에 신규 스테이에게도 기회를 주기 위함입니다. 만일 그렇지 않다면 신규 스테이는 선택받지 못하고, 실망한 호스트는 에어비앤비를 떠나고 말겠죠. 그런데 많은 호스트가 이 기회를 살리지 못해 플랫폼 효과를 보지 못합니다. 이 소중한 오픈 초기 기간에 '내가 원하는 요금을 고수'하며 별다른 프로모션이나 테스트를 하지 않음으로써 상위 노출이 되거나 리뷰를 모을 수 있는 소중한 기회를 놓쳐버립니다.

스테이 오픈 직전부터 오픈 직후가 정말 중요합니다. 예를 들어, 호스트는 스테이 오픈 초기에 예약 3건에 대해서 오픈 프로모션을 제안받게 되는데 처음에는 이 기능을 사용하는 것이 좋습니다(오픈 프로모션의 할인율은 20%이며 프로모션 중이라도 원치 않으면 중단할 수 있습니다).

2) 후기 받기

에어비앤비 호스트에게 후기는 매우 중요합니다. 많은 게스트는 요금, 사진, 후기를 중요한 구매 결정요인으로 봅니다. 따라서 좋은 후기와 평점을 많이 쌓는 것이 대단히 중요합니다. 심지어 후기는 서로 다른 국가의 사람들에게도 좋은 영향이 있습니다. 앞서 언급했던 스탠퍼드 대학과 에어비앤비가 함께 연구한, 동질 집단의 게스트와 호스트는 비동질 집단보다 훨씬 우호적이라고 했던 말을 기억하시나요? 같은 국가, 같은 인종, 같은 지역의 호스트는 그런 게스트를 더 신뢰하지만 후기가 10개 이상이 되면 비동질 집단이라도 신뢰도가 동질 집단보다 증가한다고 했었죠. 따라서 처음 시작하는 스테이라면 우선 에어비앤비에 후기를 10개 이상 모으는 것이 유리하다고 했습니다. 여기에 개인적인 생각을 더해 보자면, 스테이가 성장해야 하는 시기에는 호스트가 비용을 일부 부담하더라도 후기를 모으는 게 더 낫다고 생각합니다.

감정 소모를 전혀 하지 않고도 높은 비율로 후기를 받았던 작은 노하우가 있습니다. 배달 애플리케이션에서 음식을 주문할 때 '리뷰 이벤트에 참여하겠습니다'라고 적으면, 식당 점주는 손님이 좋은 리뷰를 적어 줄 것을 기대하고 서비스 음식을 먼저 보내 줍니다. 좋은 리뷰의 대가를 먼저 보내는 것이죠. 저는 이것을 스테이에도 적용할 수 있지 않을까 생각했습니다.

게스트는 스테이에 들어가자마자 느낀 첫인상으로 스테이의 전체적인 느낌을 결정한다고 생각했습니다. 따라서 그때 후기를 적어 줄 것을 요청하고, 게스트가 참여하겠다는 의사를 밝히면 바로 모바일 상품권으로 선물을 보내 줍니다. 하루이틀 뒤 게스트가 체크아웃하고 오후 2~3시쯤 후기를 작성할 수 있는 시간이 되면 에어비앤비 후기와 함께 별도의 사진도 받습니다. 그렇게 받은 사진과 후기는 강릉 마당집 인스타그램과 블로그에 기재하는 식으로 활용합니다. 그리고 정성껏 작성해 준 후기에 게스트 한 사람, 한 사람의 기억을 되살리며 마음을 담아 답글을 답니다. 처음에는 이것을 일로써 생각하니 또 하나의 일이 되었는데, 이제는 회사 점심시간에 알람을 맞춰 두고 하루에 5~10분 정도 둘러보며 이런저런 답글을 다니 즐거운 일이 되었습니다.

돈이 되는 공간

[즉시 제공 리뷰 이벤트]

안녕하세요, [게스트 이름]*님

1. 에어비앤비 후기
2. 홍보용 사진: https://open.kakao.com/me/madangzip_guest 스테이와
   관련된 사진 5~10장
3. 스테이 개선을 위한 비공개 설문 (1분) https://bit.ly/yeondang_survey

1, 2, 3 모두 참여해 주신 게스트님께 소정의 선물을 보내드립니다.
참여를 원하시면 아래 메시지에 "리뷰 이벤트 참여"라고 보내 주세요 :)
에어비앤비 리뷰는 체크아웃 당일 오후에 작성하실 수 있습니다.
80% 이상의 게스트분들이 본 이벤트에 참여하십니다.
감사합니다.

Enoch 드림
(본 메시지는 예약 발송되었습니다)

강릉 마당집 호스트가 사용하는 '후기 받기' 예약 전송 메시지 샘플
(체크인 당일 오후 8시에 예약 전송 메시지로 발송됩니다. * 표는 예약 메시지에서 사용할 수
있는 단축 코드로, 메시지를 받는 게스트의 이름이 들어갑니다. 앞서 4장의 '기억에 남는 게스트'
도 모두 이 방법으로 받은 것입니다.)

3) 슬기롭게 대처하기

게스트가 체크아웃한 뒤 스테이의 물품, 가구, 벽지 등이 훼손되거나 심하게 어지럽혀진 걸 발견하는 것은 매우 속상한 일입니다. 이때는 바로 청소하지 말고 그대로 둔 상태에서 사진 촬영하는 것을 권장합니다. 에어비앤비는 호스트나 게스트의 피해가 발생한 경우 이를 보상하는 프로그램인 에어커버를 운영하고 있습니다.

호스트는 이 프로그램을 통해 체크아웃 후 14일 이내 손해 보상을 청구할 수 있으며, 최대 1백만 달러 내에서 보상받을 수 있습니다. 2022년 5월 에어비앤비가 추가로 공개한 내용에 따르면, 게스트가 카펫에 레드 와인을 흘린 경우나 게스트가 데려온 고양이의 발톱이 커튼에 걸려 올이 나간 경우에도 보상받도록 보상 범위가 확대되었습니다. 반려동물에 의한 피해 보상, 게스트가 스테이 안에서 흡연하여 청소비가 발생할 경우, 게스트에 의한 스테이 손상으로 인해 확정된 에어비앤비 예약을 취소할 때의 손실 보장을 받을 수 있다고 합니다.

다만 해당 예약은 반드시 에어비앤비를 통해 이뤄져야만 합니다. 에어커버 보상을 신청할 때, 어떤 예약인지부터 선택해서 청구 과정이 시작되므로 에어비앤비를 통하지 않은 예약은 보상 청구가 불가능합니다. 호스트는 이 점을 참고하는 것이 중요합니다.

돈이 되는 공간

60대 에어비앤비 호스트의 도전과 포기

60대 신규 호스트분이 예약을 받은 채 중도 포기한 적이 있습니다(앞으로 'A 호스트'라고 하겠습니다). 처음 A 호스트는 저와 호스트-앰배서더로 연결되었을 때, 스마트폰 사용이 익숙지 않아 카톡 메시지도 보내기 어려운 걸로 보였습니다. 그럴 수 있습니다. 그건 잘못이 아니니까요. 저는 시니어들의 경제 활동과 도전을 지지합니다. 물론 그 자녀들은 부모가 당신의 집을 이용해 숙박업을 하면 반대하는 경우도 있습니다. 도와드리기 귀찮아서, 귀찮은 일이 생길까 봐 등등의 이유로 말이죠. 이번 A 호스트가 그런 경우였습니다. 자식이 도와주지 않아 대형 할인매장에 직접 다니면서 눈물도 많이 흘렸다고 합니다. 이해됩니다. 저는 A 호스트의 자식이 아니기 때문에 객관적으로 볼 수 있기도 합니다. 공간을 꾸미고 청소하는 건 시니어지만 그 공간은 나이와 상관없습니다. 시니어든 아니든 말이죠. 오히려 에어비앤비에서 활동하는 호스트 중 60대 이상 시니어가 고객으로부터 평점을 높게 받는다는 발표도 있습니다.[*] 덜 민첩한 대신 더 베풀어 주는 존재를 설명해 주는 반증이라고 생각합니다.

저는 A 호스트를 통해 그걸 증명해 보이고 싶었습니다. 스마트폰에서 앱 메뉴 하나하나 캡처해서 A 호스트에게 보내 주고,

A 호스트가 올린 사진(위)과 내가 편집해서 보내 준 사진(아래)

사진도 따로 카톡 메시지로 받아서(카톡은 원본을 보낼 수 있습니다) 사진도 편집해서 보내 주었습니다. 그렇게 130개 이상 메시지를 주고받았습니다. 다른 호스트보다 10배 이상은 더 대화했고, 제 시간을 포기하며 지원했습니다. 그리고 A 호스트는 하루 만에 예약을 받았습니다.

에어비앤비 앰배서더에게 주어지는 성공 보수는 이미 일찌감치 포기했습니다. 많이 노력하지 않고 보수를 받는 경우도 있으니, 많이 노력하고 적은 보수를 받을 수 있다고 생각했습니다(앰배서더는 호스트와 연결되면 기대 보수를 미리 볼 수 있습니다. A 호스트의 성공 보수는 5만 원으로 낮은 편이었습니다). 한편으로는 A 호스트가 나를 통해 잘하는 모습을 보고 싶은 욕심도 있었습니다.

A 호스트는 쏟아지는 게스트 문의, 익숙지 않은 에어비앤비 사용법과 스마트폰 사이에서 상당한 스트레스를 받은 것 같았습니다. 그러고는 곧 포기하겠다고 선언했습니다. A 호스트의 포기는 이분을 통해서 덕을 세우려던 저의 실패이기도 했습니다.

하지만 포기한 게 아니었습니다. 며칠 후 A 호스트로부터 메

---

* "시니어 호스트가 운영하는 스테이는 게스트들로부터 호평을 받고 있는 것으로 나타났다. 시니어 호스트들이 게스트들에게 받은 평점은 평균 4.78로 기타 호스트 평균 평점(4.75)에 비해서 조금 더 높았다.", Airbnb, 2021년 10월 4일(https://news.airbnb.com/ko/how-older-adults-are-embracing-the-travel-revolution/)

시지 한 봉을 받았습니다. 그 사이 게스트 2팀의 호스팅을 치렀다는 내용이었습니다. 에어비앤비로부터 숙박 대금을 받으려면 어떻게 해야 하냐고 물어왔습니다. 우선 반가운 마음이 들었습니다. 완전히 포기하지 않았으니 말입니다. 대금 받는 방법을 간단하게 설명해 주었습니다. 그간 겪은 이야기를 들어 보니 가관입니다. 첫 번째 게스트는 구토를 해서 스테이를 엉망으로 만들어 놓았고, 두 번째 게스트는 리모컨을 던졌는지 유리창이 다 깨졌다고 합니다.

전 수백 번의 호스팅을 했지만 이와 같은 사건, 사고는 한 번도 없었습니다. 그런데 첫 호스팅 두 번에 두 건 모두 저런 사고를 당했다면 스트레스가 얼마나 심했을까요. 물론 저는 서울에서 200km 떨어진 관광지고, A 호스트의 스테이는 수도권이라는 점이 차이가 있습니다. 에어비앤비는 에어커버를 통해 호스트의 스테이가 훼손되면 자체적으로 빠르게 보상하고 있습니다. 그들에겐 호스트가 매우 중요하기 때문입니다. 말 그대로 묻지도 따지지도 않고 우선 보상하고, 차후 게스트에게 구상권을 선택적으로 청구하는 방식입니다.

A 호스트에게 당시 사진을 찍어 놓았는지 물어봤는데, 당시 경황이 없고 막상 찍어서 뭐 하나 싶은 마음에 찍지 못했다고 합니다. 그러면서 아직도 토사물 냄새가 나는 거 같다고 했습니다.

돈이 되는 공간

안 좋은 후기를 받을까 봐 게스트에게 말도 못 했다고 합니다. 안타까운 마음에 에어비앤비 앰배서더 한국 담당자에게 메일을 보냈습니다. 피해 보상은 둘째 치고, A 호스트가 향후에 또 이런 일을 당했을 때 어떻게 대처해야 할지 알려 달라고 메일에 썼습니다. A 호스트의 이야기를 들어 주는 것만으로도 그에게 도움과 위로가 될 테니 부디 연락해 줄 것을 부탁했습니다. 얼마 후 담당자에게 돕겠다는 회신이 왔습니다.

몇 시간 후에 A 호스트에게 연락이 왔습니다. 에어비앤비에서 직접 전화가 와서 자초지종을 들어 주고 대금 결제를 어떻게 받는지, 그리고 향후 비슷한 사고를 겪을 경우에 어떻게 대처해야 하는지 자세히 설명해 주었다는 것입니다. A 호스트는 너무 고마워했습니다. 저 또한 에어비앤비 한국 담당자에게 신경 써 주어 고맙고, 덕분에 체면이 섰다고 메일을 보냈습니다. A 호스트에게는 "호스트 님처럼 포기하지 않고 열심히 살겠다"라고 메시지를 보냈습니다. 맞습니다! 우리는 아직 포기하지 않았습니다.

컨설팅 8분 만에 예약받은 파주 헤이리 호스트

한 호스트가 문의를 주었습니다. 답변한 뒤에 올려 놓은 스테이를 보니 여러 장의 사진을 등록해 두었더군요. 커버 이미지(대표 이미지)를 바꾸면 예약이 금방 들어올 것 같아서 가장 매력적으로 보이면서 스테이를 잘 표현해 줄 수 있을 만한 사진으로 바꾸라고 권해드렸습니다. 물론 사진 선택은 전적으로 호스트의 취향이자 권한의 영역입니다. 제 말을 듣고 사진을 바꾼 지 8분 만에 예약을 받았습니다(저는 3일 안에 받을 거라고 했는데 말이죠).

에어비앤비의 국내 월간 사용자는 100만 명이 넘습니다. 반드시 관광지가 아니더라도 조건이 좋은 스테이에는 게스트가 찾아올 만큼의 사용자 규모가 된다고 생각합니다. 또한 온라인 특징상 첫인상이 되는 '사진'이야말로 호스트가 가장 신경을 써야 하는 항목입니다. 에어비앤비 서비스 초기에 창업자가 직접 카메라를 가지고 다니며 스테이를 잘 표현한 사진을 찍어 주었다는 일화도 있습니다.

돈이 되는 공간

돈이 되는 공간

잘 따라와 준 호스트(8분 만에 예약받다)

신규 호스트의 스테이를 둘러볼 때 가장 먼저 보는 것들

앰배서더 활동을 하며 막 시작하는 신규 호스트들의 스테이를 둘러볼 때가 많습니다. 신규 호스트가 맞나 싶을 정도로 멋진 사진부터 각종 항목, 설정을 완벽하게 등록한 분도 있지만 대부분은 부족하나마 등록한 뒤 이게 맞나 싶은 마음으로 기다리는 분이 대부분입니다. 저는 보통 다음의 몇 가지 기준으로 빠르게 돌아보고 호스트에게도 그 기준을 보여 주며 스스로 돌아보게 하는 편입니다.

가장 먼저 보는 기준

- 프로필 사진, 소개

- 숙소 사진 수, 품질, 순서

- 커버 사진

- 숙소 설명

- 요금 및 프로모션 적용 여부

이제 막 시작하거나, 시작할 계획이 있는 사람들은 보면서 무엇에 신경을 써야 하며 게스트들이 어떤 것을 보는지에 대해 감을 잡아 보는 것도 좋겠습니다.

돈이 되는 공간

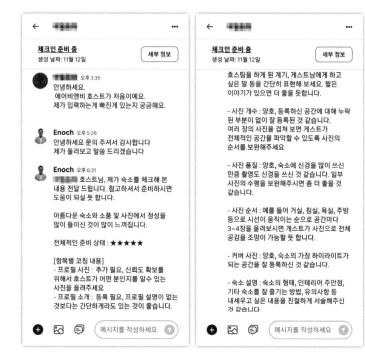

체크인 준비 중
생성 날짜: 11월 12일

세부 정보

안녕하세요.
에어비앤비 호스트가 처음이예요.
제가 입력하는게 빠진게 있는지 궁금해요.

오후 3:35

Enoch 오후 5:28
안녕하세요 문의 주셔서 감사합니다
제가 둘러보고 말씀 드리겠습니다

Enoch 오후 6:31
███████ 호스트님, 제가 숙소를 체크해 본
내용 전달 드립니다. 참고하셔서 준비하시면
도움이 되실 듯 합니다.

아름다운 숙소와 소품 및 사진에서 정성을
많이 들이신 것이 많이 느껴집니다.

전체적인 준비 상태 : ★★★★★

[항목별 코칭 내용]
- 프로필 사진 : 추가 필요, 신뢰도 확보를
위해서 호스트가 어떤 분인지를 알 수 있는
사진을 올려주세요
- 프로필 소개 : 등록 필요, 프로필 설명이 없는
것보다는 간단하게라도 있는 것이 좋습니다.

메시지를 작성하세요

체크인 준비 중
생성 날짜: 11월 12일

세부 정보

호스팅을 하게 된 계기, 게스트님에게 하고
싶은 말 등을 간단히 표현해 보세요. 짧은
이야기가 있으면 더 좋을 듯합니다.

- 사진 개수 : 양호, 등록하신 공간에 대해 누락
된 부분이 없이 잘 등록된 것 같습니다.
여러 장의 사진을 겹쳐 보면 게스트가
전체적인 공간을 파악할 수 있도록 사진의
순서를 보완해주세요

- 사진 품질 : 양호, 숙소에 신경을 많이 쓰신
만큼 촬영도 신경을 쓰신 것 같습니다. 일부
사진의 수평을 보완해주시면 좀 더 좋을 것
같습니다.

- 사진 순서 : 예를 들어 거실, 침실, 욕실, 주방
등으로 시선이 움직이는 순으로 공간마다
3~4장을 올려보시면 게스트가 사진으로 전체
공감을 조망이 가능할 듯 합니다.

- 커버 사진 : 양호, 숙소의 가장 하이라이트가
되는 공간을 잘 등록하신 것 같습니다.

- 숙소 설명 : 숙소의 형태, 인테리어 주안점,
기타 숙소를 잘 즐기는 방법, 유의사항 등
내세우고 싶은 내용을 친절하게 서술해주신
것 같습니다

메시지를 작성하세요

- 가격 및 프로모션 :
가성비가 아주 좋아 보입니다. 가격은
추후에도 얼마든지 수정 가능하니, 우선 빠른
기간 내에 예약과 리뷰를 받아보는 것을
목표로 하면 좋을 것 같습니다.

#1. 컨설팅에 잘 따라오시고 8분 만에 예약
받으신 호스트님
https://blog.naver.com/
choiinwook/222813490951

감사합니다!

오후 8:42
고맙습니다.

주말에 시간 내서 조언을 해주셔서
감사합니다.

Enoch 오후 8:52
아닙니다. 별말씀을요:)

해 보시고 말씀 부탁드립니다

2022년 11월 13일

메시지를 작성하세요

신규 호스트를 위한 맞춤형 컨설팅 사례

돈이 되는 공간

국내 1위 에어비앤비 앰배서더가 되다

에어비앤비는 세계 여러 곳에 사무실을 두고 있습니다. 한국에 있는 직원 중에는 앰배서더 프로그램을 담당하는 직원도 있습니다. 당연히 앰배서더의 활동을 지켜보고 소통하는 것이 그의 임무겠지요. 어느 날, 에어비앤비 앰배서더 담당자와 통화를 하며 이런저런 이야기를 나누다가 몇 가지 사실을 알게 되었습니다. 우리나라에는 호스트가 약 2~3만 명이고 그중에 앰배서더는 10명 정도인데(2024년 8월 기준), 그중에서 제가 신규 호스트 전환율이 압도적인 1등이라고 합니다. 에어비앤비 직원은 어떻게 그렇게 잘할 수 있는지 궁금했다고 합니다. 향후 앰배서더들이 모이는 자리를 만들면 그때 간단한 발표를 해 줄 수 있냐고 해서 흔쾌히 좋다고 했습니다. 저는 새로운 만남을 환영하는 편입니다.

에어비앤비 호스팅 앰배서더를 몇 달 정도 해 보니 호스트들은 보통 이러했습니다. 저에게 매칭되는 호스트들은 진행 상태가 모두 다르고 다양합니다. 물론 전반적으로 보면, 호스팅을 준비하고 스테이를 마무리하고 에어비앤비를 오픈하기 전 시점에 에어비앤비에 가입하고 스테이를 등록하는 것은 공통적입니다. 하지만 전반적으로 그렇다는 것이지, 호스트로 가입하는 사람들

중 아직 호스팅 준비를 하고 있지 않거나 단순한 호기심에 호스트 등록 절차에 진입한 경우도 상당수 존재합니다.

호스팅을 하려면 가장 중요한 것이 공간 확보입니다. 내 마음대로 꾸미거나 운영할 수 있는 적합한 공간이 있어야만 실제로 호스팅을 시작할 수 있습니다. 공간을 마련하고 호스팅을 시작하려는 호스트와 아직 공간을 마련하지 못한 채 계획만 있는 호스트에게 정보만으로 결정적인 차이를 만들어 내는 것은 어려운 일입니다. 같은 맥락으로 앰배서더인 제가 최대한 빠르고 정확한 정보를 친절하게 제공한다고 했을 때, 이것이 호스트의 호스팅 여부를 좌우하는 결정적인 원인이 되지 않는다는 결론에 다다랐습니다.

물론 호스팅을 하려고 했던 분이 조금이라도 편하고 빠르게 호스팅을 시작할 수는 있습니다. 호스트 중에는 연세가 많은 분도 있고, 인터넷이나 스마트폰에 익숙하지 않은 분도 있습니다. 에어비앤비의 다른 계정으로 로그인했다가 자신의 예약 내역과 메시지가 모두 사라졌다고 깜짝 놀라 카톡 메시지를 보낸 분도 있습니다. 퇴근길이 유일한 휴식 시간인데, 그분과 30~40분씩 메시지를 주고받다 보면 굉장히 힘이 듭니다. 그래도 도와드린다 생각하고 진심을 다해 지원하고 있습니다. 문득 생각해 보니, 이런저런 어려움 때문에 포기하는 사람을 끝까지 물고 늘어져 도와줌으로써 성공률이 높아지는 이유도 있겠다는 생각이 듭니다.

당시에 매칭된 200여 명의 호스트 통계를 내보니 그중에 약 20%가 최종적으로 예약을 받아 호스팅에 성공했습니다. 그리고 호스팅에 성공한 호스트들은 저와 매칭 후 평균 17일 이후에 첫 예약을 받고, 첫 예약 손님은 예약한 날로부터 평균 18일 이내에 체크아웃까지 마칩니다. 호스팅과 코칭을 하면서 서비스와 고객에 대해 더 많이 생각하는 점은 좋습니다. 직장에서 서비스 기획 일을 하고 있기도 해서 여러모로 좋게 생각하고 있습니다.

에어비앤비 슈퍼호스트 앰배서더가 전 세계 51개국에 1400명* 이라고 합니다. 제가 한국 1등이니 전 세계에서 못해도 60등, 잘하면 30등 정도는 하지 않을까요? 글로벌 Top을 한번 해 보고 싶은 마음이 들었었는데, 2024년 운이 좋게 호스트 자문위원에 선정이 되는 영광을 누리게 되었습니다.

---

*   에어비앤비에 의하면 2022년 12월 기준, 전 세계에 약 1400명의 앰배서더가 활동하고 있습니다.

한국 최초로 전 세계 23명의 자문위원 중 한 명으로 선정되다

2024년 2월 에어비앤비에서 연락이 왔습니다. 에어비앤비호스트 자문위원이라는 것이 있고, 올해로 2년째 운영되고 있으며, 전 세계에서 영향력이 있는호스트를 선정하여 다양한 부서와 경영진과 긴밀히 소통하는 명예직이 있다고 합니다. 유럽, 미국, 아프리카, 아시아 등 전 세계 17개국의 스무 명 남짓한 호스트가 활동하고 있다고 합니다. 한국에는 아직 자문위원이 없는데 이번에 최초로 1명을 선발한다고 합니다. 저를 추천하고 싶은데 활동해볼 생각이 있느냐는 연락이었습니다. 저는 그 연락을 받으면서 믿을 수가 없었습니다. 전 세계 23명 중 한 명이라니. 저는 망설이지 않고 해보겠다고 했습니다. 얼마 후 에어비앤비 호스트 자문위원 담당자로부터 연락이 왔고 화상미팅으로 인터뷰를

돈이 되는 공간

진행했습니다. 그리고 몇 주 후에 저는 한국 최초로 에어비앤비 자문위원Host Advisory Board, HAB으로 선정되었습니다.

자문위원으로 선정된 23명의 호스트는 에어비앤비 커뮤니티를 대표하며 솔선수범하는 분들로, 커뮤니티 리더, 슈퍼호스트 앰배서더, 커뮤니티 센터 회원이거나 기타 에어비앤비 커뮤니티 프로그램에서 활발히 활동하고 있습니다. 자문위원들은 호스팅에 열정을 갖고 에어비앤비 커뮤니티에 크게 기여했으며, 앞으로 에어비앤비가 나아갈 방향을 결정하는 데 중요한 목소리를 내고 있습니다.

23명의 자문위원은 매주 화상미팅으로 만납니다. 매주 다양한 주제를 가지고 자유롭게 토론합니다. 에어비앤비의 기능, 정책, 각 국가의 상황, 호스트와 게스트의 반응, 개선사항 등 수많은 주제로 끊임없이 교류하고 토론합니다. 전 세계 7개의 시간대에 살고 있기 때문에 미팅 시간을 정하는 것부터가 힘든 일입니다. 누군가는 늦은 밤이나 새벽 시간에 미팅에 참여해야만 했죠. 불행히도 제가 참여하는 시간은 매주 목요일 새벽 4시입니다. 알람을 여러 개 맞춰 두고 겨우 일어나 참여하는 경우가 대부분이지만 그래도 제가 좋아하는 에어비앤비에 대해서, 전 세계에서 가장 빠른 소식을 접하고, 저보다 훨씬 더 많은 경험을 지닌 다른 나라 자문위원의 다양한 모습과 견해를 접하는 일은 말 그대로 완전

히 새로운 경험이며 돈을 주고도 살 수 없는 섯입니다. 호스트 자
문위원 활동을 하면서 몇 가지 배운 것이 있습니다.

하나, 고객의 목소리를 진심으로 듣는 것

전 세계의 23명의 자문위원을 선정하고 관리하는 전담 팀을
운영하는 것은 적지 않은 노력과 비용이 들어갑니다. 이 책이 나
올 쯤엔 저는 미국 캘리포니아 본사에서 전 세계 자문위원들을
만나고 있을 듯합니다. 모든 여행 경비를 에어비앤비에서 부담
하고 다양한 워크숍 프로그램이 진행됩니다. 고객의 목소리에
귀기울이는 진정성이 없다면 할 수 없는 행동이라고 생각합니
다. 에어비앤비에 들어가는 작은 기능 하나도 꽤 오래전부터 사
전에 논의되고 소통을 통해서 개발됩니다.

둘, 소통의 중요성

언어가 다르고 문화가 매우 다르니 당연한 것도 설명을 해야
하고 꽤 사전을 들여서 소통을 해야 합니다. 배경 설명, 분명한
목적, 미리미리 소통하는 것이 중요할 뿐 아니라 작은 것 하나라
도 결정하려면 생각보다 많은 시간이 들어갑니다. 하지만 작은
것이라도 소통 과정을 거치면서 생겨나는 서로 존중과 배려를
받고 있다는 느낌은 소통의 중요한 기능입니다.

셋, 다양성을 극복하는 유연함

에어비앤비 서비스는 220여 개국, 10만 개의 도시에서 800만 개의 스테이가 500만 명의 호스트에 의해 제공되고 있는 직원 수는 7천 명이 넘는 글로벌 기업 그 자체입니다. 호스트와 게스트가 동시에 이용하는 서비스이기 때문에 다양성을 존중하지 않으면 이미 지금의 형태로 성장할 수 없었다고 생각합니다. 문화, 언어, 사고방식뿐 아니라, 각 나라의 정책, 환경, 발전 정도가 모두 다르고 이를 끊임없이 연구하고 유연하게 대처할 수밖에 없었을 겁니다. 코로나 19가 창궐했을 당시, 체험 서비스를 단 2주 만에 온라인 체험으로 탈바꿈하여 론칭한 것은 제가 보기에 아직도 믿기지 않습니다. 막대한 다양성이 있는 환경에서 극도로 유연하게 대처하다 보면 생겨 나는 조직의 대처 능력이라고 밖에는 생각되지 않습니다. 이것은 제가 호스팅이나 일을 할 때, 또한 회사를 경영할 때 많은 참고가 됩니다.

에어비앤비 자문위원회 소개

구성

- 호스트 자문위원회는 에어비앤비 호스트 커뮤니티의 다양성을 반영하여 구성되었습니다.
- 합산 호스팅 경력 129년
- 성별, 인종/민족, 성적 지향, 사회경제적 지위를 고려한 다양한 구성
- 전 연령대를 아우르는 구성
- 15개국을 아우르는 문화적 다양성
- 지속 가능성, 다양성, 접근성, 정책 등 핵심 분야에 집중하는 협의회 구성

호스트 자문위원회의 운영 목적은 무엇인가요?

- 호스트 자문위원회는 호스트 관련 정책, 프로그램 및 제품의 방향을 결정하는 데 영향력을 행사합니다. 또한 호스트 자문위원회는 에어비앤비 호스트 기금을 커뮤니티 지원에 어떤 방식으로 사용하는 것이 좋을지 의견을 개진합니다.

로날드Ronaldo Monge(미국 시카고에서 호스팅)와 나디아Nadia Giordani(미국 애틀란타에서 호스팅)

호스트 자문위원회의 역할은 무엇인가요?

• 호스트 자문위원회는 호스트 커뮤니티의 목소리를 대변해 에어비앤비 경영
진에 의견을 전달합니다. 호스트 자문위원회는 에어비앤비가 앞으로 나아갈
방향을 설정하는 데 중요한 역할을 합니다.

호스트 자문위원은 어떻게 선정되었나요?

• 호스팅 경험, 호스팅 노하우, 지역사회에서의 영향력을 기준으로 추천 및 선
정되었습니다.

리에Rie Matsumura(일본 오키나와 요미탄 현에서 호스팅)

마릴Marielle Térouinard(프랑스 샤티용 앙 뒤누아Châtillon-en-Dunois에서 호스팅)

돈이 되는 공간

에어비앤비 전망

감성 스테이는 계속 증가할 것입니다

'감성 스테이' '독채 감성 스테이'라는 단어가 공식 명칭은 아닙니다만, 누구나 그 뜻을 이해하는 데 문제가 없는 말이라고 봅니다. 펜션처럼 여러 동이나 호텔처럼 여러 객실이 있는 '숙박업'스러운 공간이 아닌 집 전체를 온전히 사용할 수 있고, 인테리어나 소품들이 '인스타그래머블'한 스테이를 보통 '독채 감성 스테이' 내지는 '독채 스테이' 등으로 부릅니다.

이런 독채 스테이는 하루가 다르게 많아지고 있습니다. 인스타그램에서 #독채스테이 #감성스테이 등으로 검색만 해 봐도 상당히 많은 스테이가 이미 운영 중이고, 거의 매주 새로운 스테이가 등장함을 알 수 있습니다.

저는 '독채 감성 스테이'가 당분간은 계속 증가할 것으로 봅니다. 그 이유는 다음과 같습니다.

첫째, 창업 연령이 낮아지고 있습니다

40~50대 은퇴 즈음에 갈아타는 창업이 아닌, 스스로 창업가로 정의하고 링 위에 오르는 청년들이 늘어나고 있습니다. 일례로 샐러드 전문점인 샐러디의 경우 20, 30대 점주가 전체의 70~80%를 차지한다고 합니다.

둘째, 사이드 프로젝트 열풍입니다

직장인의 40% 이상은 이미 한 가지 이상의 사이드 프로젝트 (부업)로 수입을 올리고 있다고 합니다. 사이드 프로젝트의 범위는 매우 다양하며 부동산, 공간 등의 몇 가지 조건이 맞는 직장인들이 스테이를 운영하는 경우도 생기고 있습니다.

셋째, 예쁜 공간을 갖길 원합니다

호텔보다 비싼 감성 스테이에 묵는 이유는 유니크한 공간을 빌릴 수 있기 때문입니다. 실용성과는 거리가 먼 스테이들의 인스타그램 사진을 보면, 이건 스테이에 쉬러 간 것인지 나비넥타이를 매고 아이와 스냅샷 촬영을 온 것인지 분간이 안 될 정도입니다. 스테이는 쉬는 개념이라는 관점에서 보면 이런 행위

돈이 되는 공간

는 전혀 이해되지 않습니다만, 사람들은 그걸 원합니다. 하루에 50~60만 원씩 하는 방이 없어서 못 팔 정도입니다. 이런 인스타그램을 보면 가끔 예약 취소가 되었을 때 다른 게스트를 찾는 게 시물이 올라오는데, 손쉽게 팔리는 쇼핑 상품 같습니다.

넷째, D2C*에 유능한 사람들이 늘어납니다

D2C 마케팅은 많이 알고, 실행력이 강하며, 좋은 감각을 지닌 사람이 유리합니다. 글도 잘 쓰고 체력도 좋아야 합니다. 그런 사람들이 창업이나 사이드 프로젝트로 감성 스테이를 시작합니다. 이들은 블로그나 인스타그램으로 자신의 브랜드를 구축하고, 끊임없이 소통하며 채널에 구애받지 않고 매출을 만들어 냅니다.

다섯째, 부동산 투자는 영원한 화두입니다

제로베이스에서 시작한 청년이 월급으로 서울의 아파트를 사는 것은 이미 불가능해진 지 오래입니다. 노력의 영역을 넘어선 불가능의 영역이 되었습니다. 이런 청년들은 포기하는 것이 맞을까요, 아니면 저렴한 부동산이라도 확보하는 것이 맞을까요?

---

* D2C(Direct to Customer)란 기업이 소비자와 직거래를 하는 형태의 사업이나 브랜드 활동을 말합니다. 다른 어떤 비즈니스 유형보다 개인화되고 특별한 고객 경험을 제공하여 로열티를 확보하는 것이 중요합니다.

후자의 가치를 선택하는 사람들은 지방의 잠재 여행 수요가 있는 곳을 선택하여 30년씩 된 구옥을 구입합니다. 그리고 변신시키고 영혼을 불어넣어 새로운 가치를 만들어 냅니다.

직장생활을 하면서
에어비앤비 스테이 운영이 가능한 비결

숙박업은 공간과 시설 임대업입니다. 손님이 오기 전에 최상의 상태를 제공하도록 준비, 청소, 세탁하는 노동이 들어가는데 그 노동의 대가로 숙박비를 받는 것이 아니라 공간과 시설의 임대 대가로 받는다는 게 더 적절한 설명일 것입니다. 따라서 들어가는 노동 대비 소득이 큽니다. 굳이 조금 더 풀어서 설명해 보면, 노동과 소득의 시점이 정확하게 일치하지 않는 자본 기반의 노동 소득입니다. 그래서 직장에 다니면서도 충분히 에어비앤비 스테이를 운영할 수 있으며, 이 점은 제게 충분히 매력적인 요인입니다. 개인적인 경험에 의하면, 스테이를 알아보고 인테리어와 스테이 운영에 필요한 물품을 갖추는 초반에 대부분의 에너지가 투입되며 오픈 이후 운영에는 사실 거의 에너지가 들지 않습니다. 그런 이유로 한 사람이 직장을 다니면서도 몇 개씩 운영

돈이 되는 공간

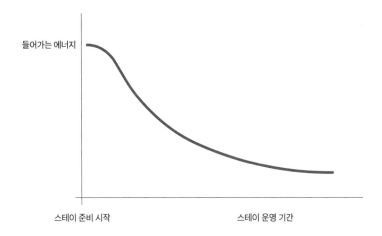

들어가는 에너지

스테이 준비 시작　　　　　　　　　　　스테이 운영 기간

할 수 있다고 생각합니다.

이를 키워드로 요약하면 '청년 창업' '사이드 프로젝트' '예쁜 공간 갖기' 'D2C 커머스 실력자 대두' '시골의 싼 부동산 투자' '자본 소득' 정도로 요약할 수 있겠습니다.

요즘 드는 생각은 숙박 분야에서는 공급자/수요자의 레퍼런스(당근의 '매너 온도' 같은)가 매우 중요한데, D2C 영역에서는 이게 그레이존gray zone인 것 같습니다. 이 영역을 해소하는 서비스가 나온다면 의미가 있지 않을까 생각합니다.

세계인이 가장 가고 싶어 하는 서울과 한옥hanok

에어비앤비 앰배서더로 활동하다 보니 가끔 에어비앤비의 각종 소식들을 남들보다 먼저 접하는 기회가 있습니다. 2022년 여름 에어비앤비에서 슈퍼호스트 앰배서더를 대상으로 소규모 간담회 행사 초대를 받았는데, 에어비앤비 미국 본사에서 근무하는 호스트 총괄 캐서린 파월Catherin Powell이 한국에 온다고 합니다. 그는 2015년 오픈한 '체험'의 총괄부터 에어비앤비의 핵심인 '스테이' 호스팅의 총괄 담당이며, 한국 직원의 소개에 따르면 군대의 참모총장급 인사라고 합니다. (2024년 6월 에어비앤비에서 퇴사하셨습니다.)

행사 당일, 에어비앤비 코리아 사무실에 모여 각자 소개하고 이런저런 이야기를 나눴습니다. 저처럼 직장인도 있고, 전업주부도 있고, 에어비앤비를 전업으로 하시는 분도 있었습니다. 삶의 다양성이 느껴졌습니다. 저는 캐서린으로부터 에어비앤비 호스트 중 시니어 호스트가 더욱 높은 별점을 받는다는 조사 사례를 들으며, 시니어 호스트의 에어비앤비 초기 진입을 도와주는 것에 큰 보람을 느낀다고 했습니다. 그 역시 시니어 호스트를 돕는 건 큰 의미가 있다고 하며, 아들이 셋이라는 저의 말에 자신도 그렇다고 공감해 주었습니다. 그러면서 그는 에어비앤비에 한옥

돈이 되는 공간

에어비앤비 카테고리에 추가된 한옥

카테고리가 추가될 수도 있다는 말도 했습니다.

  에어비앤비는 2022년 여름에 디자인, 최고의 전망, 해변 근처, 캠핑 등 56개의 '에어비앤비 카테고리'를 도입했습니다. 캐서린과 간담회를 한 이후에 '2023 겨울 업그레이드'에 정말 한옥 카테고리가 추가되었습니다. 솔직히 한국에서 열린 행사라 검토 중 정도로만 생각했는데, 실제로 카테고리에 '한옥'이 추가된 것에 조금 놀랐습니다. 이로써 세계 어느 국가에서 에어비앤비에 접속해도 한옥 스테이와 한국 문화를 접할 수 있습니다. 세계 전통 가옥 중에서 에어비앤비 카테고리에 정식으로 입성한 건 한옥이 처음이라고 합니다.

에어비앤비 슈퍼호스트 앰배서더 모임에서 만난 캐서린 파월Catherine Powell 전 글로벌 호스팅 총괄(우)과 엠마뉘엘 마릴Emmanuel Marill APAC 호스팅 디렉터(좌)

행정안전부에서 공개한 자료에 의하면, 국내 한옥체험업에 등록된 한옥 스테이는 약 2100여 곳입니다. 등록된 스테이 명칭을 살펴보니 하나같이 이름에 한국 전통의 아름다움과 여유가 느껴지는 곳이 많습니다. 외국인들이 한옥에 찾아와 구부정하게 허리를 굽히며 씻고, 히터 대신 온돌을 경험하는 것이 매력적인 요소라고 하니 다양함 자체가 가치 있게 느껴집니다.

2022년 12월, 에어비앤비 한국지사에서 주최한 앰배서더 모임에 참석했습니다. 송년회 겸 같은 일을 하는 분들을 만나 교류하는 의미 있는 자리였습니다. 에어비앤비 측에서 각종 지표를 소개하기도 했는데, 에어비앤비 사용 패턴 중 미국을 제외한 2020년 1분기부터 3분기까지의 검색 데이터를 분석해 보니 에어비앤비 이용자들은 태국 방콕과 호주 시드니, 스페인 말라가에 이어 한국 서울을 네 번째로 가장 많이 검색했다고 합니다. BTS와 〈오징어게임〉 〈기생충〉의 성공으로 인해 한국을 찾는 세계인의 발길이 이어지는 것으로 생각합니다. 저는 강릉에서 호스팅을 하고 있지만 외국인이 많이 찾는 서울은 슬슬 스테이가 부족해진다고 합니다. 코로나 이후, 아직 항공 수요는 회복 중이지만 숙박에 대한 수요는 코로나 이전으로 회복했다고도 합니다. 모인 앰배서더분들 중 서울에서 호스팅을 하고 있는 분의 이야기를 들으니 예약 차는 속도가 빨라지고 있다고 합니다. 서울에 기회가 있다는 말에 마음이 실레기도 했습니다.

코로나를 겪고 에어비앤비는 더욱 성장했습니다

코로나는 자유롭게 세상을 여행하던 여행자뿐 아니라 여행 산업에도 막대한 영향을 미쳤습니다. 대표적인 글로벌 숙박 서비스인 에어비앤비에도 예외는 아니었습니다. 코로나가 극성이던 2020년 5월, 에어비앤비는 전 세계 7500명가량의 임직원 중 25%에 달하는 1900명을 감축하기로 결정했습니다. 이들에 대한 CEO의 메시지와 '구직을 위해 회사에서 제공한 노트북은 그대로 가져가도 좋다'라는 게시물을 보며 안타까움과 직원에 대한 공감과 미안함을 느꼈습니다.

당시는 국경 폐쇄에 가까운 상황이었기 때문에 에어비앤비로서는 참담했을 듯합니다. 에어비앤비에는 대표 서비스인 '스테이'말고도 '체험'이라는 카테고리도 있었는데, 이는 맛집 투어, 요리 체험, 마술 공연 등 사람과 사람이 직접 만나 경험을 나누는 서비스였습니다. 스테이는 갈 수 없고 체험 프로그램도 진행할 수 없으니, 에어비앤비에서는 '온라인 체험'을 만들어 비대면으로 이를 확대하고자 하는 노력을 선보였습니다. 저도 그 당시, 오랜 기간 재택근무를 하고 집 안에만 머물렀던 힘든 기억이 있는데요. 그때부터 사람들의 여행에 대한 경험은 어쩌면 조금씩 달라지고 있었는지도 모릅니다. 누구나 찾는 유명한 관광지가 아닌 가보지 않은 시골의 한적한 집으로, 북적거리는 호텔이 아닌 우리 가족만 지낼 수 있는 독채 스테이로 말이죠.

코로나가 점차 두려움의 대상에서 하나의 풍토병으로 자리 잡는 엔데믹이 다가오면서 에어비앤비는 많은 준비를 합니다. 2021년 말에는 '겨울 업데이트'라는 제목으로 무려 100개의 기능 업데이트를 발표합니다. 저는 에어비앤비의 업데이트 발표를 무척 기대하고 그 자체를 즐기는 편인데요. 보통 CEO가 직접 자신의 방에서 온라인으로 발표합니다. 이를테면, 수많은 게스트가 재택근무를 위해 에어비앤비에서 스테이를 예약한다는 걸 파악하고, 호스트에게 와이파이 속도를 측정하고 이를 스테이에 표기할 수 있는 기능을 제공합니다.* 이 기능은 무려 2억 8천 번이나 사용되었다고 합니다.

사용자 경험UX으로 불리는 기능 개선을 미국 서비스들이 참

---

* TIP 2021년 11월부터, 호스트는 자신의 스테이에 와이파이 속도를 표기할 수 있습니다. 와이파이 속도 측정 기능은 현재 iOS 및 안드로이드용 에어비앤비 앱에서 이용할 수 있으며, 와이파이 속도가 50Mbps 이상(다운로드 기준)일 경우 스테이 페이지에 '초고속 와이파이'라고 강조되어 표시됩니다.

잘한다고 생각하는데요. 우리가 여행할 때 가장 먼저 검색하는 것이 바로 장소와 날짜입니다. 어디를, 언제 갈까 입력해서 검색 결과를 살펴보는 것이죠. 당시 업데이트에서는 이것을 정하지 않고도 검색해 볼 수 있는 '유연한 검색' 기능을 내놓습니다. 내가 어디를, 언제 갈지 모르는 상태에서도 세상을 둘러볼 수 있게 하는 것이죠. 이 기능은 도입 이후 5억 회 이상 사용되었다고 합니다. 저는 이 수치보다 '이걸 바꿀 수 있는 것이었나?'라는 생각조차 못 한 것을 과감히 시도하고 측정해서 검증해 낸다는 점에서 늘 감탄합니다.

에어비앤비는 2022년 3분기 최대 실적을 냈습니다. 에어비앤비 발표에 의하면 창업 이래 해당 분기에 최대 실적을 냈다고 합니다. 매출이 4.7조 원, 영업 이익이 무려 2조 원에 육박합니다.

사람들은 끊임없이 새로운 곳을 여행하고, 에어비앤비는 새로움을 찾는 여행객과 수익을 창출하려는 호스트를 연결함으로써 여행 업계에 막대한 다양성을 공급합니다. 저는 에어비앤비가 호텔 한 채 소유하지 않고도 2020년 나스닥 상장 당시, 세계적인 호텔 기업인 메리어트 인터내셔널, 힐튼 월드와이드 홀딩스, 하얏트 호텔의 시총을 모두 합친 것보다 큰 액수인 한화 약 109조 원에 달하는 기업 가치로 상장할 수 있게 된 가장 큰 이유가 바로이 다양성에 있다고 생각합니다.

에어비앤비가 쏘아 올린 변화의 신호탄

에어비앤비 코리아는 2024년 7월 언론을 통해 숙박업 허가를 받지 않은 스테이에 대한 강력한 대응을 하겠다고 발표했습니다. "영업 신고증이 없는 스테이는 에어비앤비에서 삭제하겠다"는 것이 그 주요 내용입니다. 에어비앤비 코리아가 운영된 지난 10년간 가장 큰 결정으로 보입니다. 에어비앤비 내 미신고 스테이는 약 30~40%에 이른다는 조사와 견해도 있습니다. 상당한 비중에 해당한다는 것이지요. 에어비앤비는 기존 업계의 꾸준한 반발, 공유숙박업 활성화를 위한 제도 개편 요구, 정부가 설정한 외래 관광객 3천만 유치 목표 달성 등 다양한 요구와 상황에 대응하기 위해 선제적이고 자발적으로 결정한 것으로 보입니다. 한편 에어비앤비 코리아는 지난 10년 동안 호스팅을 통해 경력단절 여성을 포함한 6만 8000여 개 일자리가 생겼고, 약 3조 9000억 원의 국내총생산GDP에 기여했으며, 한옥과 K콘텐츠 등 문화유산을 활용해 다양한 숙박 프로그램을 만들어 왔다고 밝혔습니다. 이제는 한국 사회에서 책임과 의무를 다해가는 시기라고 판단하며, 공유숙박의 신뢰도를 키우기 위해 정부와 지속적으로 협력하겠다는 입장을 밝혔습니다.

2024년 7월에 발표한 에어비앤비의 새로운 정책과 계획은 이렇습니다.

- 2024년 10월부터 영업신고 정보 및 영업신고증을 제출하지 않은 신규 스테이는 플랫폼에 등록할 수 없다.
- 2024년 10월 전에 등록된 스테이도 2025년 10월을 기점으로 관련 자료를 제출하지 않으면 삭제된다.
- 오피스텔 등 숙박 영업 신고가 불가능한 스테이는 플랫폼에서 사라진다.
- 27여 개에 달하는 복잡한 숙박업 허가, 절차에 대한 안내, 교육, 웹페이지 등을 상세히 마련하여 호스트를 지원할 계획이다.

에어비앤비의 새로운 정책은 에어비앤비 플랫폼뿐 아니라 게스트와 호스트, 한국의 숙박 및 여행산업에 어떤 영향을 미칠까요?

첫째, 에어비앤비 플랫폼엔 신뢰도와 투명성이 더욱 강화될 것입니다. 에어비앤비가 영업신고를 하지 않은 스테이들을 퇴출시킨다면 실제로는 플랫폼의 신뢰도와 투명성이 크게 강화될 것입니다. 당장 단기적으로 스테이 수가 감소할 수 있지만, 장기적으로는 일본의 사례처럼 신뢰성이 높은 플랫폼으로 자리매김하며 사용자 수가 다시 증가할 가능성이 높습니다. 에어비앤비 코리아에서는 호스트들이 법령을 준수하고 영업 신고를 잘 할 수 있도록 다양한 절차, 교육 등의 프로그램을 적극 지원할 것으로 보이며, 이점도 에어비앤비 플랫폼을 신뢰를 갖는 데 긍정적인 영향을 미칠 것으로 보입니다.

둘째, 게스트들은 영업신고가 완료된 스테이만을 이용하게 될 것이므로 스테이를 더 믿고 이용하게 될 것입니다. 에어비앤비의 리뷰 시스템과 결합하여 국내 에어비앤비의 서비스 수준이 전반적으로 올라가는 계기가 될 것입니다. 다만 미신고 스테이가 삭제되면 단기적으로 상당한 수의 스테이가 줄어들어 공급이 부족해지는 상황이 벌어질 수도 있을 듯 합니다.

셋째, 영업신고를 마친 호스트들은 미신고 스테이가 삭제되면 반사이익을 얻을 것입니다. 숙소 수가 적어지니 에어비앤비 내에서 더 많은 노출을 받게 될 것이죠. 오피스텔 등 영업신고가 불가능한 스테이가 삭제되면 해당 스테이가 집중 분포하는 지역에서는 그 현상이 두드러질 것으로 보입니다. 나만 시간이 지나면 신고 요건과 의지를 갖춘 스테이와 호스트들이 진입하게 될 것입니다. 다시 말해 세대 교체가 일어나게 될 것입니다. 영업신고에 필요한 스테이의 안전 요건, 정기적인 안전 교육 및 점검을 통해 서비스와 안전 수준이 올라가서 결국 게스트에게 더욱 만족스러운 서비스를 제공할 수 있게 될 것으로 보입니다. 어찌 보면 현재 폐쇄적이고 익명성 일색인 각종 커뮤니티 분위기도 바뀌게 될 수 있을 것 같습니다.

넷째, 정부는 에어비앤비의 정책 변화로 인해 줄어들 수 있는 스테이 공급을 보완하고 해외 관광객 유치를 위해 공유숙박 제도 개편을 검토하게 될 것입니다. 이를 통해 내국인도 도심에서 합법적으로 공유숙박을 이용할 수 있는 등 다양한 관점으로 법 개정이 될 것으로 보입니다. 결국 에어비앤비 정책 변경을 계기로 시장을 안정화하는 데 기여할 것으로 보입니다. 규제 완화에 따라 불법 카메라 방지, 소방 안전시설 기준 제시 등 안전 규정이 필요하며 독채 스테이 허용에 따른 부작용과 주민 갈등과 같은 문제도 다루게 될 것으로 보입니다. 이에 따라 보다 현실적이면서 성숙한 제도 및 인식이 필요할 것으로 보입니다. 코로나 이후 관광지로서 한국의 인기가 커지는 시점에서 에어비앤비의 이러한 선제적인 결정은 숙박 시장의 재편과 함께 공유숙박 서비스의 품질을 올려 결국 관광 산업이 성장할 가능성이 높다고 봅니다. 일본인 에어비앤비 호스트 자문위원 리에Rie Matsumura는 저에게 이 뉴스를 전해 듣고, 2018년 일본에서 대규모로 스테이가 삭제되었던 당시가 생각난다며 이번을 계기로 에어비앤비 코리아의 새로운 챕터가 될 것으로 기대한다는 메시지를 보내 오기도 했고, 영국의 자문위원 레이첼Rachel Melland은 이 결정이 한국이 올바로 나아가는 길이라는 것을 알면 좋겠다는 의미심장한 메시지를 보내오기도 했습니다. 글로벌 친구들은 역시 관점이 다르다는 생각을 해보게 됩니다. 저는 에어비앤비 슈퍼호스트로서, 앰배서더로서, 커뮤니티리더로서, 한국에 한 명뿐인 자문위원으로서 이번에 에어비앤비에 주어진 문제와 위기를 극복하길 진심으로 바라고 또 믿습니다.

에어비앤비 스터디

에어비앤비 잡다한 지식

- 우리나라 에어비앤비 스테이는 약 6만 개가 있으며, 평균 1박 숙박 요금은 약 15만 원입니다(에어비앤비** 및 직접 조사). 참고로 호텔과 모텔의 수는 약 3만 개로 추정됩니다(여기어때, 2022).
- 2017년 크리스마스, 뉴욕시의 에어비앤비 스테이를 이용한 사람은 약 4만 명으로 그중 한국인은 5위이고, 한국인의 사용량은 많은 편(한국일보, 2017)*입니다.
- 에어비앤비는 2009년부터 2016년까지 웹 페이지를 약 6803회에 걸쳐 업데이트했습니다(에어비앤비 발표**).

---

* 출처: http://m.koreatimes.com/article/20171222/1094685
** '에어비앤비'로 표기한 것은 담당자로부터 구두로 들은 내용이고, '에어비앤비 발표'는 공식 홈페이지와 뉴스 등으로 발표한 내용입니다.

돈이 되는 공간

- 2020년 5월 5일, 코로나 사태로 여행객이 급감하자 에어비앤 비는 전 세계 7500명 직원 가운데 1900명을 해고했습니다.

- 국내 에어비앤비 호스트 약 300명을 대상으로 한 설문조사에 서 응답자 가운데 60%는 추가 지출에 필요한 돈을 벌기 위해 에어비앤비 호스팅을 하고 있다고 답했습니다. 응답자의 3분 의 1은 생계 유지를 위해, 5명 중 1명 이상의 호스트는 생활 비 마련을 위해 호스팅을 한다고 응답했습니다. 국내 호스트 중 에어비앤비 호스팅이 주수입원에 해당된다고 답한 비율은 45%였습니다(에어비앤비 조사, 2022).

- 에어비앤비는 2022년 여름에 디자인, 최고의 전망, 해변 근처, 캠핑 등 56개의 '에어비앤비 카테고리'를 도입했으며, 2022년 4분기에 '한옥hanok' 카테고리가 추가되었습니다. 국내 한옥 체험업에 등록된 스테이는 약 1700여 곳이라고 합니다(행정안 전부 발표, 2022).

- 에어비앤비는 2008년 설립 이후 코로나가 끝나가는 시점인 2022년 3분기에 매출 약 2조 6419억 원, 순이익 약 9850억 원 이라는 역대 최대 실적을 기록했습니다(조선일보, 2022).

- 2022년 2분기 한국에서 도시 이외 지역 호스트의 일반적인 수입은 2019년 2분기보다 두 배 이상 증가했습니다(에어비앤 비 발표, 2022).

- 국내에서 60세 이상의 에어비앤비 시니어 호스트는 최근 1년 간 19% 증가했습니다. 이는 전 세계 평균 증가폭(7%)보다 확연히 높으며 60대 이상 호스트는 다른 연령대보다 5점 만점을 많이 받는 편입니다(에어비앤비 발표, 2022).
- 2022년 2분기에 도시 외 지역 가운데 국내 에어비앤비에서 28일 이상 장기 숙박으로 인기 있는 곳으로는 제주시, 강릉, 순천이라고 합니다(에어비앤비 발표, 2022).
- 에어비앤비의 전 세계 숙박 시장 점유율은 25.97%로 부킹닷컴(34.57%)에 이어 2위로 추산됩니다(한경글로벌마켓, 2022).
- 브라이언 체스키 에어비앤비 CEO는 본인의 집을 직접 에어비앤비에 올렸다고 합니다(한경글로벌마켓, 2022).
- 에어비앤비 1박 평균 숙박 요금은 팬데믹 이전보다 40%가량 올랐고, 지난 2분기 기준 하루 평균 숙박 비용은 총 156달러 (20만 원)라고 합니다(한경글로벌마켓, 2022).

좀 진부한 표현이지만, '부동산' '호텔'을 소유하지 않고도 숙박업으로 매출을 낸다는 게 정말 놀랍습니다. 에어비앤비의 핵심 역량은 바로 호스트에게 돈을 벌어다 줄 수 있는 역량이라고 생각합니다. 당연히 그들의 최대 고객은 호스트이고, 에어비앤비의 각종 서비스와 정책에서 이 점은 잘 드러납니다.

6

예비 호스트와 호스트를 위한 OX 퀴즈

호스팅을 하면서 많이 받는 질문과 알아 두면 좋을 만한 것들을 OX 퀴즈로 정리해 봤습니다. 호스팅 상식 점수를 테스트해 보세요. 정답과 설명은 문제 뒤에 있습니다. 예비 호스트와 이미 운영 중인 호스트 분들도 좋은 참고가 될 것입니다.

에어비앤비 관련

1 에어비앤비는 캐나다 회사이므로 한국어 서비스가 부족하여 사용하기 불편하다.

2 에어비앤비 고객센터는 영어로 운영되어 사실상 이용하기 어렵다.

3 에어비앤비는 호스트에게 예약 금액의 10% 수수료를 부과한다.

4 게스트가 에어비앤비를 예약할 때는 반드시 메시지를 적어서 보내야만 한다.

5 에어비앤비에서 스테이를 오픈함과 동시에 가능한 많은 숙박 채널에 등록해서 홍보하는 것이 좋다.

6 60대 이상의 시니어 호스트들이 평균 평점을 더 높게 받는 경향이 있다.

7 우리나라에서 한 달에 한 번 이상 에어비앤비 앱을 사용하는 사람은 약 100만 명이다.

8 전 세계에 등록된 에어비앤비 스테이 중 약 10%가 우리나라에 있다.

사진 품질

9 사진은 가능하면 전문가가 찍는 것이 좋다.

10 사진은 처음에 한 번 올릴 때가 가장 중요하다.

11 사진을 중간중간 올리면 사진의 톤과 색감이 달라지므로 처음 한 번에 잘 올리는 것이 중요하다.

12 사진은 스테이보다 무조건 좋게 찍는 것이 중요하다.

13 화장실 같은 곳의 사진은 올리지 않아도 괜찮다.

14 사진을 너무 많이 올리기보다는 7~8장 정도면 충분하다.

15 모든 사진은 화각이 넓은 광각으로 찍는 것이 좋다.

16 에어비앤비는 무료로 전문가 촬영 서비스를 제공한다.

스테이 / 시설 설명

17 와이파이 속도가 빠르면 스테이 정보에 유리하게 표기된다.

18 스테이 설명은 가급적 짧고 간결하게 적는 것이 좋다.

19 스테이 설명에 주소를 정확하게 기재하는 것이 좋다.

20 에어비앤비에서 구분하는 각종 시설, 아이템, 조건 등을 가급적 세부적으로

기재하는 것이 검색 노출에 좋다.

21 스테이 설명에 안내, 규칙, 매뉴얼 등 입력하는 공간이 많은데 가급적 충실하게 입력하는 것이 좋다.

22 스테이나 시설에 대해 내가 알고 있는 사소한 불편한 점은 스테이 예약에 도움이 되지 않으므로 가급적 감추는 것이 좋다.

숙박 허가

23 에어비앤비는 반드시 허가를 받은 후에만 스테이 등록과 예약받기가 가능하다.

24 '외국인관광 도시민박업'으로 허가받으면 내국인도 예약을 받을 수 있다.

25 '농어촌민박업'은 내국인 숙박이 불법이다.

26 서울 시내에 있는 오피스텔은 합법적으로 숙박업 허가를 받을 수 있다.

27 에어비앤비를 합법적으로 운영하려면 '공유숙박업' 허가를 받으면 된다.

28 아파트도 주민 동의만 받으면 허가를 받을 수 있다.

29 허가를 받기 전에 시청 유관 부서에 전화하면 내 신분이 노출되니 신중하게 생각해야 한다.

프로필 등록

30 프로필에 새, 강아지, 고양이 등의 동물 사진이나 풍경 사진을 올리면 실제 사진과 달라 에어비앤비에서 제재를 받는다.

31 프로필에 내 소개는 "안녕하세요 ○○○입니다" 정도로 한 줄만 작성해도 충분하다.

32 시니어 호스트는 에어비앤비에서 호스팅을 하기에 여러모로 불리하다.

요금 / 프로모션

33 스마트요금은 실질적으로 호스트에게 불리한 제도다.

34 주변의 내 스테이와 비슷한 스테이의 1박 요금을 아는 것은 도움이 된다.

35 요금은 웬만하면 변동하지 않는 것이 고객 인지와 마케팅에 도움이 된다.

36 특정 일자에 숙박 요금을 변경한 경우 1시간 이내에 반영된다.

37 호스트와 게스트에게 부과되는 수수료는 동일하다.

38 게스트가 신용카드로 스테이를 예약할 때는 반드시 해외 결제가 되는 신용카드나 체크카드를 이용해야 한다.

운영 / 게스트 메시지

39 굳이 어떤 물품을 교체, 세탁, 청소해야 하는지 리스트를 만들어 둘 필요는 없다.

40 스테이에는 가급적 저렴한 가구, 비품, 시설물로만 준비를 하는 것이 좋다.

41 불안하니 스테이 내부에 CCTV를 설치하되 손님에게 고지만 하면 괜찮다.

42 게스트가 스테이에 들어와서 궁금해할 만한 각종 기구의 사용 방법은 미리 메시지로 설명해 주는 것이 좋다.

43 게스트가 체크아웃한 이후 물품이 파손되었거나 심하게 오염된 경우 가급적 사진을 찍어 두면 도움이 된다.

44 게스트의 이용으로 스테이에 피해가 발생한 경우 에어비앤비에 요청하면 50% 정도 보상받을 수 있다.

45 악성 게스트는 복불복이므로 호스트가 사전에 판단하거나 걸러낼 수 없다.

46 매뉴얼에 이미 적혀 있다면, 체크아웃하기 전 간단한 청소, 정리를 해달라고 굳이 메시지를 보낼 필요는 없다.

예약 관리

47 예약 요청이 들어오면 게스트가 누구인지 아는 것보다 최대한 빨리 수락하는 것이 중요하다.

48 예약이 확정되면 게스트에게 간단한 인사와 함께 안내 메시지를 보내 주는 것이 좋다.

49 예약 대기 중인 게스트의 메시지나 후기가 내 마음에 들지 않으면 예약을 거절해도 괜찮다.

50 에어비앤비로 예약을 받지 않은 숙박이라도 에어비앤비 호스트로 한 번 등록되면 물품 파손이나 피해가 발생했을 때 보상받을 수 있다.

51 에어비앤비 호스팅을 하며 게스트에게 받는 후기는 그다지 중요하지 않다.

52 게스트가 스테이를 지저분하게 사용해도 후기를 좋게 쓰는 것이 나중을 위해서 좋다.

53 게스트가 후기를 남기지 않으면 후기를 요청하는 메시지를 보내서라도 받는 것이 좋다.

54 에어비앤비 메시지보다는 가급적 전화, 카카오톡, 문자를 이용하는 것이 좋다.

55 게스트가 먼저 물어보기 전에는 굳이 메시지를 보내지 않는 것이 좋다.

56 정해진 시간에 자동 발송되는 예약 전송 메시지는 성의가 없으므로 매번 직접 작성해서 보내는 것이 좋다.

57 호스트 기능에는 쓰레기 배출 및 분리수거 방법, 와이파이 비밀번호 등 자주 사용하는 메시지를 저장해 두고 편리하게 보내는 기능이 있다.

수수료 / 정산

58 숙박 대금은 게스트가 체크아웃한 후 지급 및 입금된다.

59 게스트가 추가 서비스 바비큐나 추가 침구 등을 이용했을 경우에 에어비앤비 앱에서는 추가 요금을 요청하는 기능이 없으므로 따로 통장 등으로 입금 받아야 한다.

60 수수료가 부담된다며 게스트가 통장으로 직접 입금한다고 할 경우 서로 수수료를 아낄 수 있으므로 그렇게 하는 것이 좋다.

홍보 / 프로모션

61 인스타그램 등 부가 홍보 채널을 운영하면 도움이 된다.

62 호스트가 원하는 날짜를 지정해 원하는 할인율을 적용하는 프로모션 운영

기능이 있다.

63 신규 오픈 스테이 대상으로 권장되는 신규 오픈 할인 프로모션은 도움이 되지 않으니 삭제하는 것이 좋다.

당신의 점수는 몇 점인가요? 정답을 보며 파악해 보세요.

에어비앤비 관련

1 에어비앤비는 캐나다 회사이므로 한국어 서비스가 부족하여 사용하기 불편하다.

정답 X 에어비앤비는 2008년 미국 캘리포니아에서 설립된 회사입니다. 2014년에 한국 지사가 설립되었으며 한국어 서비스가 원활하게 제공되고 있어 크게 불편하지 않습니다.

2 에어비앤비 고객센터는 영어로 운영되어 사실상 이용하기 어렵다.

정답 X 에어비앤비 고객센터는 한국어로 운영되어 쉽게 도움을 받을 수 있습니다. 또한 한국어로 된 풍부한 자료실이 제공됩니다.

3 에어비앤비는 호스트에게 예약 금액의 10% 수수료를 부과한다.

정답 X 에어비앤비 수수료는 게스트에게 약 14%, 호스트에게 약 3%의 수수료를 부과합니다. 2022년부터는 호스트가 원할 경우 모든 수수료를 모두 호스트가 부담할 수 있는 선택 기능을 일부 호스트에게 제공하고 있습니다.

4 게스트가 에어비앤비를 예약할 때는 반드시 메시지를 적어서 보내야만 한다.

정답 O 모든 게스트는 호스트에게 자신의 여행 목적을 설명하는 메시지를 보내도록 되어 있습니다. 호스트의 설정에 따라 호스트의 수락이 필요한 경우도 있고, 수락 없이 바로 예약이 확정되는 경우(즉시 예약 기능)도 있지만 모두 메시지를 보내야 합니다.

5 에어비앤비에서 스테이를 오픈함과 동시에 가능한 많은 숙박 채널에 등록해서 홍보하는 것이 좋다.

정답 X 오픈 초반에는 가급적 한 채널에서 예약받기~체크아웃 이후까지 처음부터 끝을 경험해 보는 것이 좋습니다. 스테이의 부족한 점을 보완할 수도 있고, 운영이 미숙한 상태에서 여러 채널을 관리하다가 중복 예약 등의 돌발 상황을 막을 수도 있습니다. 이후 호스팅과 온라인 운영이 익숙해지면 필요에 따라 판매 채널을 늘리는 것을 추천합니다.

6 60대 이상의 시니어 호스트들이 평균 평점을 더 높게 받는 경향이 있다.

정답 O 2021년 10월, 에어비앤비 발표 자료[*]에 따르면 60대 이상 시니어 호스트들이 게스트들에게 받은 평점은 평균 4.78로, 기타 호스트 평균 평점 (4.75)에 비해서 조금 더 높았다고 합니다.

---

[*] Airbnb, 60세 이상 에어비앤비 호스트 지난 1년 간 19% 증가, 2021. 10. 04(https://news.airbnb.com/ko/how-older-adults-are-embracing-the-travel-revolution/)

7 우리나라에서 한 달에 한 번 이상 에어비앤비 앱을 사용하는 사람은 약 100만 명이다.

정답 O 모바일 서비스 분석 회사인 아이지에이웍스에서 2023년 12월 발표한 자료*에 의하면, 국내 에어비앤비 사용자 수는 월 96만 명이라고 합니다. '여행/교통' 업종 사용자 수는 3617만 명으로 나타났으며, 각 카테고리별로 '네이버지도'(약 2197만 명), '카카오T'(약 1173만 명), '야놀자'(약 332만 명), '아고다'(약 125만 명), '트립닷컴'(약 71만 명), '대한항공MY'(약 100만 명), '지쿠'(약 48만 명) 사용자 수 1위에 올랐다고 하니 그 수를 대략 짐작해 볼 수 있습니다. 다만 에어비앤비 사용자 수는 여러 가지 요인에 의해 증감이 있을 수 있습니다.

8 전 세계에 등록된 에어비앤비 스테이 중 약 10%가 우리나라에 있다.

정답 X 2023년 기준, 전 세계에 등록된 에어비앤비 스테이 수는 약 660만 개라고 합니다. 우리나라에는 약 6만 개의 스테이가 있다고 알려져 있습니다. 따라서 우리나라에는 전 세계 대비 약 1% 내외의 스테이가 있습니다.

---

* 2023 대한민국 모바일 앱 명예의 전당, 2023. 12. 12(https://mktcloud.igaworks.com/report/mkt/364)

사진 품질

9 사진은 가능하면 전문가가 찍는 것이 좋다.

정답 O 게스트가 스테이를 고를 때, 요금과 후기 다음으로 가장 중요하게 생각하는 요소는 바로 사진입니다. 따라서 할 수만 있다면 과감하게 비용을 들여 전문가를 섭외하여 촬영하는 것이 좋습니다. 에어비앤비에 의하면, 전문가의 사진을 이용하면 예약 가능성이 16% 높아지며, 총 예약 금액의 39%가 높아지는 효과가 있다고 합니다. 다만 표현하고 싶은 부분을 잘 강조해서 촬영하고, 밝기나 분위기가 잘 드러나도록 촬영할 수 있다면 직접 해 보는 것도 나쁘지 않습니다.

10 사진은 처음에 한 번 올릴 때가 가장 중요하다.

정답 X 눈이 오거나, 낙엽이 지는 등 계절에 따라 스테이의 분위기가 달라지는 경우, 긴 호흡으로 사진을 촬영해서 꾸준히 추가하는 것도 스테이의 모습을 잘 보여 주는 좋은 방법입니다. 또한 게스트로부터 멋진 사진을 받을 수 있다면 스테이에 사람이 머무는 장면을 추가해 보는 것도 잠재 게스트에게 스테이의 생동감을 보여 줄 수 있는 좋은 방법입니다.

11 사진을 중간중간 올리면 사진의 톤과 색감이 달라지므로 처음 한 번에 잘 올리는 것이 중요하다.

정답 X 사진이 매우 중요하지만 그렇다고 한 번에 모든 사진을 완벽하게 올리는 것은 매우 어려운 일입니다. 당연히 사진의 톤과 색감을 균일하게 유지할 수 있다면 더할 나위 없이 좋겠지만, 그것보다 다양하고 좋은 사진을 만났을 때 중간중간 꾸준히 업데이트해서 스테이의 다양하고 생생한 모습을 표현하는 것이 더 좋습니다.

12 사진은 스테이보다 무조건 좋게 찍는 것이 중요하다.

정답 X 사진의 특징을 살려 보여 주고 싶은 부분만 강조해서 보여 줄 수 있습니다. 가장 멋진 날씨에 가장 푸르른 잔디의 모습을 찍을 수 있습니다. 하지만 게스트가 사진을 보고 예약하여 실제 스테이에 왔을 때 혹여 실망감을 느낀다면 좋은 경험을 주지 못하며, 이는 다른 게스트에게도 별점과 후기 등에 '사진과 다르다'라는 매우 좋지 않은 영향을 줄 수도 있습니다. 에어비앤비에서는 '게스트의 기대치와 현실감을 맞추라'라고 조언합니다. 이는 좋게 보이지 말라는 것이 아닌, 좋게 보이되 오해를 불러일으키게 하지 말라는 조언입니다.

13 화장실 같은 곳의 사진은 올리지 않아도 괜찮다.

정답 X 화장실, 욕실 사진은 매우 중요하므로 놓쳐서는 안 되는 공간입니다. 특히 여성 게스트의 경우, 욕실을 판단하기 위해 욕실 사진을 유심히 보는 경우가 많습니다.

14 사진을 너무 많이 올리기보다는 7~8장 정도면 충분하다.

정답 X 강원도 강릉시의 슈퍼호스트들은 대략 15~60장의 사진을 등록해 두었습니다. 공간의 면적, 구성에 따라 사진의 개수는 달라질 수 있겠지만 방 1, 욕실 1, 주방 1이 있는 스테이라 하더라도 사진 7~8장으로는 충분히 전체적인 모습을 그려내기 어렵습니다. '사진이 너무 많은데' 싶을 정도도 괜찮으니 게스트가 사진을 넘겨 보며 스테이의 전체적인 공간을 상상할 수 있도록 충분한 개수를 올려 주는 것을 추천합니다.

15 모든 사진은 화각이 넓은 광각으로 찍는 것이 좋다.

정답 X 광각(廣角) 사진은 초점 거리가 짧은 렌즈로 찍어 눈으로 보는 것보다 더 많은 것을 담을 수 있는 사진을 말합니다. 보통 스테이 내부를 광각으로 촬영하면 한눈에 보여 줄 수 있으면서도 공간이 더 넓어 보이는 효과가 있으므로 잘 활용하는 것이 좋습니다. 다만 모든 사진을 광각 사진으로 등록할 경우 게스트가 스테이의 실제 모습을 오해할 수 있습니다. 따라서 모든 공간을 광각으로 촬영하기보다는 적절하게 보완하여 사용하는 것이 좋습니다.

16 에어비앤비는 무료로 전문가 촬영 서비스를 제공한다.

정답 X 에어비앤비는 사진 촬영에 어려움을 겪는 호스트를 지원하기 위해 전문 작가와 연계하여 사진 촬영 서비스를 제공하고 있습니다. 비용도 촬영 후에 내는 것이 아니라, 스테이 예약 대금에서 차감하는 방식이라고 하니 호스트에게는 도움이 될 것으로 보입니다. 다만 제가 에어비앤비 측에 확인한 바로는, 국내에서는 2022년까지만 일부 지역에 한해 무료로 제공되었다고 합니다(2022년 12월 확인).

17 와이파이 속도가 빠르면 스테이 정보에 유리하게 표기된다.

정답 O 빠른 와이파이는 모든 게스트가 선호하는 기능입니다. 에어비앤비 호스트는 자신의 스테이에서 와이파이 속도를 측정하는 기능이 있습니다. 이를 통해 와이파이 속도를 측정하면 속도가 4단계에 따라 스테이 정보에 표기됩니다. 와이파이 속도가 50Mbps 이상인 경우, 스테이 페이지에 '초고속 와이파이'가 새로운 편의시설로 표시됩니다. 와이파이 속도에 빠른 한국 호스트에게는 유리한 설정이라고 봐야겠네요.

18 스테이 설명은 가급적 짧고 간결하게 적는 것이 좋다.

정답 X 짧고 간결하게 원하는 모든 것을 다 담으면 좋겠지만, 게스트가 원하는 것은 생각보다 다양하고 알려야 하는 것도 많습니다. 따라서 간결함보다는 상세한 설명과 안내가 게스트의 판단에 도움을 줄 수 있습니다.

19 스테이 설명에 주소를 정확하게 기재하는 것이 좋다.

정답 X 스테이 설명에는 정확한 주소를 기재할 필요가 없습니다. 에어비앤비에는 별도로 세부 주소를 기입했다가 예약한 게스트에게 전달하는 기능이 있습니다. 예약 전 게스트에게 대략의 위치(읍, 면, 동)는 정보 차원에서는 괜찮지만 상세한 주소를 굳이 기재할 필요는 없습니다.

20 에어비앤비에서 구분하는 각종 시설, 아이템, 조건 등을 가급적 세부적으로 기재하는 것이 검색 노출에 좋다.

정답 O 에어비앤비는 스테이의 편의시설을 약 100가지 항목으로 나눠 매우 세부적으로 표기힐 수 있습니다. '삼푸 브랜드'부터 '아이스하키 링크의 유무'까지도 표기할 수 있으므로 최대한 많은 조건을 표기하는 것이 다양한 게스트의 입맛을 충족하는 데 도움이 됩니다.

21 스테이 설명에 안내, 규칙, 매뉴얼 등 입력하는 공간이 많은데 가급적 충실하게 입력하는 것이 좋다.

정답 X 윗 문항과도 비슷한 내용입니다. 편의시설뿐 아니라 안내, 규칙, 매뉴얼 등을 충실히 입력해 두면 에어비앤비는 이 정보를 게스트가 체크인할 때 등 전달하므로 최대한 정확한 정보를 알맞은 공간에 입력해 두는 것이 좋습니다. 이것은 빠른 메시지나 예약 전송 메시지를 등록할 때, 모든 내용을 다 새로 기입하는 것이 아니라 이미 등록된 정보를 불러올 수 있으므로 도움이 됩니다.

22 스테이나 시설에 대해 내가 알고 있는 사소한 불편한 점은 스테이 예약에 도움이 되지 않으므로 가급적 감추는 것이 좋다.

정답 X 휴지를 많이 넣으면 가끔 변기가 막힐 수 있다든지, 마룻바닥이 낡아 삐거덕거리는 소리가 난다든지 등의 불편함은 게스트가 미리 알 수 있도록 표기하는 것이 좋다고 생각합니다. 이는 게스트의 기대감을 낮추는 단점만 있는 것이 아니라 스테이를 좀 더 명확하게 알고 이해한 채 사용하게 하여 불필요한 오해를 막는 데 도움이 된다고 생각합니다.

23 에어비앤비는 반드시 허가를 받은 후에만 스테이 등록과 예약받기가 가능하다.

정답 X 에어비앤비에 스테이를 등록하고 예약을 받는 과정에서 허가에 대한 정보를 요구하는 부분은 없습니다. 글로벌 서비스로 다양한 국가의 다양한 숙박업에 필요한 인허가는 호스트가 알아서 처리하도록 하는, 다소 소극적인 자세를 취하는 것으로 보여 호스트가 직접 잘 확인한 후 호스팅을 해야 불이익을 피할 수 있습니다.

24 '외국인관광 도시민박업'으로 허가받으면 내국인도 예약을 받을 수 있다.

정답 X 외국인관광 도시민박업은 외국인을 대상으로만 숙박을 받을 수 있는 허가입니다. 따라서 내국인은 게스트로 받을 수 없습니다. 다만, 2024년 8월 정부가 내수 활성화를 위해 내국인도 도심에서 공유숙박을 이용할 수 있도록 규제를 완화한다는 기사가 나왔습니다. 아마도 곧 내국인 예약도 받게 될 것으로 기대합니다. 각종 허가에 관련된 것은 이 책 1장의 '에어비앤비, 규제를 넘어 관광 인프라로 인정받다(36p)'를 참고하시기 바랍니다.

25 '농어촌민박업'은 내국인 숙박이 불법이다.

정답 X 외국인관광 도시민박업과 달리 농어촌민박업 허가는 내국인 및 외국인을 모두 게스트로 받을 수 있습니다. 다만 농어촌민박업은 말 그대로 읍, 면 지역의 농어촌 및 준 농어촌 지역에만 허가가 납니다.

26 서울 시내에 있는 오피스텔은 합법적으로 숙박업 허가를 받을 수 있다.

정답 X 오피스텔은 숙박업 허가가 불가능합니다. 오피스텔은 각종 숙박업 허가가 나지 않는 건축물이니 참고가 필요합니다.

27 에어비앤비를 합법적으로 운영하려면 '공유숙박업' 허가를 받으면 된다.

정답 X 공유숙박업이라는 분류는 허가의 대상이 아닌 세금신고 시 분류되는 업종입니다. 따라서 사업자등록 시 공유숙박업으로 등록을 하더라도 숙박업 허가를 받은 것은 아니니 이 점도 유의할 필요가 있습니다. 각종 허가에 관련된 것은 이 책 1장의 '에어비앤비, 규제를 넘어 관광 인프라로 인정받다(36p)'를 참고하시기 바랍니다.

28 아파트도 주민 동의만 받으면 허가를 받을 수 있다.

정답 X 정답이 X일지 O일지 조금 애매한 내용입니다. 아파트의 경우 조금씩 다르지만 해당 동의 모든 세대에게 동의를 받아 외국인관광 도시민박업 허가를 받을 수 있습니다만, 실제로 그런 사례가 없어 사실상 불가능하다는 의견이 지배적입니다. 따라서 정답을 X로 표기합니다.

29 허가를 받기 전에 시청 유관 부서에 전화하면 내 신분이 노출되니 신중하게 생각해야 한다.

정답 X 충분히 걱정해 볼 만한 내용이라고 생각합니다만, 위생과 등 담당 부서 공무원은 대부분 어떤 지역에 허가가 나 있으며 에어비앤비 스테이가 어떤 곳에 운영되고 있는지 이미 알고 있습니다. 본인이 허가를 내주지 않았거나 허가가 나지 않는 지역, 건물에 새로운 스테이가 생겼다면 불법 스테

돈이 되는 공간

이라고 짐작하는 식이죠. 따라서 공무원이 전화 통화를 유추해서 추적하거나 의심할 의도는 별로 없다고 생각합니다. 또한 문의할 때도 개인 정보를 물어보지 않으니 너무 걱정 말고 확실하게 사전에 알아보는 것이 좋습니다.

프로필 등록

30 프로필에 새, 강아지, 고양이 등의 동물 사진이나 풍경 사진을 올리면 실제 사진과 달라 에어비앤비에서 제재를 받는다.

정답 X 에어비앤비는 호스트에게 얼굴이 드러나는 사진을 등록하도록 강력하게 권고하고 있습니다. 호스트를 파악하고 믿을 만한 호스트라는 느낌을 주기 위해서입니다. 반대로 에어비앤비는 게스트에게 사진을 업로드하도록 강력히 권장하고는 있으나, 사진 제출이 필수는 아닙니다. 하지만 호스트는 게스트 프로필 사진을 예약 필수조건으로 설정할 수 있습니다. 만일 예약을 확정한 게스트의 프로필 사진에 게스트의 모습은 없고 만화 캐릭터 등의 게스트 파악에 도움이 되지 않는 이미지가 있다면, 에어비앤비에 연락해 페널티 없이 예약을 취소할 수 있습니다. 이러한 점을 보아, 호스트와 무관한 사진이 제재를 받지는 않겠지만 에어비앤비의 운영 정책과 방향이 다르고 게스트에게도 좋지 않은 인상을 주므로 반드시 얼굴이 드러나는 사진을 등록하는 것이 좋습니다.

31 프로필에 내 소개는 "안녕하세요 ○○○입니다" 정도로 한 줄만 작성해도 충분하다.

정답 X 게스트에게 호스트를 파악하고 믿을 만한 호스트라는 느낌을 주는 것이 중요합니다. 따라서 아무것도 입력하지 않을 때 나오는 "안녕하세요 ○○○입니다"보다는 호스팅을 시작한 계기나 자신이 좋아하는 것을 적어 두어 자연스럽게 호감을 주는 것이 좋습니다.

32 시니어 호스트는 에어비앤비에서 호스팅을 하기에 여러모로 불리하다.

정답 X 에어비앤비는 60세 이상의 호스트를 시니어 호스트라고 합니다. 2021년 10월, 에어비앤비 발표 자료에 따르면 60대 이상 시니어 호스트들이 게스트들에게 받은 평점은 평균 4.78로 기타 호스트 평균 평점(4.75)에 비해서 조금 더 높았다고 합니다. 디지털 기기나 온라인 서비스에 다소 어려움을 느낄 수는 있으나 호스팅은 온라인 역량만으로 이뤄진 것이 아닙니다. 온라인 이용에 익숙해지면 접객과 게스트를 배려하는 마음이 다른 세대보다 더 뛰어난 시니어 호스트도 호스팅을 잘할 수 있습니다.

요금 / 프로모션

33 스마트요금은 실질적으로 호스트에게 불리한 제도다.

정답 X 스마트요금은 주변 스테이의 위치, 수요, 요금, 예약률 등을 감안해 내 스테이의 요금을 매일 자동으로 변경해 주어 예약률을 올려 주는 기능입니다. 원하는 요금보다 낮은 요금으로 설정할 경우도 있어 100% 만족스럽지는 않지만 이 요금 제도가 판매를 불러오는 고마운 존재라는 건 사실입니다. 호스트가 매일매일 주변 스테이의 판매량을 파악하여 요금을 변경하고 판매까지 이뤄지는 것은 매우 어려운 일이므로 스마트요금을 채택해 보는 것도 도움이 됩니다.

34 주변의 내 스테이와 비슷한 스테이의 1박 요금을 아는 것은 도움이 된다.

정답 O 요금은 호스트가 전적으로 결정할 수 있지만 실제로 예약되는 요금이 의미가 있습니다. 또한 이 요금을 결정 짓는 요인 중 가장 중요한 것은 스테이의 입지이므로 스테이를 준비하는 단계에서 주변 스테이와 요금을 둘러보는 것은 매우 중요하고 의미가 있습니다. 또한 운영을 시작한 이후라도 주변 스테이의 성수기 요금, 주말 요금 등을 파악해 보고 경쟁력 있는 요금을 설정하는 것은 도움이 됩니다.

35 요금은 웬만하면 변동하지 않는 것이 고객 인지와 마케팅에 도움이 된다.

정답 X 게스트가 스테이를 예약할 때 가장 중요한 요인은 바로 요금입니다. 다만 요금은 수요에 따라 결정되므로 요금을 변동하지 않는 것은 무의미합니다. 또한 요금을 변동하면 게스트가 좋지 않게 볼 염려도 거의 없습니다. 숙박 상품의 요금이 시기와 수요에 바뀐다는 것은 매우 자연스럽게 알려져 있기 때문입니다. 스테이의 매출 상황, 주변 스테이의 요금 등 필요에 따라 탄력적으로 요금을 변경하는 것이 좋습니다.

36 특정 일자에 숙박 요금을 변경한 경우 1시간 이내에 반영된다.

정답 X 요금을 변경하는 경우 즉시 반영됩니다. 만일 요금이 1시간 이후에 반영된다면 그 시사 때문에 불만을 가질 **호스트**가 많아질 것 같네요.

37 호스트와 게스트에게 부과되는 수수료는 동일하다.

정답 X 에어비앤비 수수료 체계는 2가지로, '수수료 분담' 방식과 '호스트 전액 부담' 방식이 있습니다. 게스트가 14%, 호스트가 3%를 내는 '수수료 분담'의 경우가 가장 일반적입니다. 혹은 일부 호스트는 수수료 전체를 호스트가 부담하는 방식을 선택할 수도 있습니다. 하지만 대부분의 호스트는 전자인 '수수료 분담' 방식을 채택합니다.

38 게스트가 신용카드로 스테이를 예약할 때는 반드시 해외 결제가 되는 신용카드나 체크카드를 이용해야 한다.

정답 O 에어비앤비는 미국 기업으로 결제 시 해외 결제가 적용됩니다. 따라서 해외 결제를 지원하는 신용카드나 체크카드로 결제를 해야 합니다. 게스트에 따라선 해외 결제를 차단해 두거나 해외 결제가 되지 않는 카드로 결제하다가 막혀서 불편을 겪는 경우가 있습니다. 게스트가 카드 결제가 안된다고 하면 우선 해외 결제가 지원되는 카드인지를 확인해 보는 것이 좋습니다.

운영 / 게스트 메시지

39 굳이 어떤 물품을 교체, 세탁, 청소해야 하는지 리스트를 만들어 둘 필요는 없다.

정답 X 스테이를 온전히 게스트 맞이로 준비해 두는 하우스키핑과 일반 청소는 차이가 있습니다. 청소는 청결을 위주로 하면 되지만 게스트 맞이는 수건, 화장지, 샴푸 등 비품이 부족하진 않을지, 쓰레기봉투 등을 꺼내 두었는지 등 생각보다 챙길 것이 많습니다. 익숙해지면 빠르게 준비할 수 있지만 체크아웃 당일 체크인하는 게스트가 있는 경우 청소와 정리를 할 수 있는 시간이 짧아 생각보다 분주합니다. 이때, 리스트를 만들어 두면 무언가 놓치는 일을 막을 수 있습니다. 또한 평소에 리스트를 만들어 스마트폰에 저장해 두면, 급한 일로 다른 사람에게 스테이 정리를 부탁할 때 이를 건네주어 요긴하게 사용할 수 있습니다.

40 스테이에는 가급적 저렴한 가구, 비품, 시설물로만 준비하는 것이 좋다.

정답 X 스테이를 꾸미는 데는 생각보다 많은 비용이 들어갑니다. 인테리어 공사도 했다면 마지막 가구, 비품을 사서 채울 때 그 비용은 더욱 크게 느껴질 수 있습니다. 많은 쇼핑을 하다 보면 아무래도 초반에 생각했던 제품보다 저렴한 제품을 찾기 마련입니다. 저도 느꼈던 점인데, 기왕이면 좋은 것 한 가지는 스테이에 놓자는 것입니다. 테이블이든, 고급 전자제품이든 상관없습니다. 모든 소품들을 다 좋은 것으로 채우는 건 너무 부담되지만, 그렇다고 모두 다 저렴한 것으로만 채우면 매력도가 떨어집니다. 좋은 아이템을 들이면 다른 스테이와 차별되어 손님의 이목을 끌 수도 있고, 숙박 한두 번이면 회수할 수 있는 금액이니 한두 가지 아이템은 좋은 것으로 두는 것을 추천합니다. 개인적으로는 식사 및 독서, 차를 마시며 손에 닿고 자주 사용하는 거실 테이블을 추천합니다.

41 불안하니 스테이 내부에 CCTV를 설치하되 손님에게 고지만 하면 괜찮다.

정답 X 많은 호스트들이 스테이에 CCTV를 설치합니다. 스테이뿐 아니라 거주하는 주택에도 있는 흔한 일이며, 단독주택의 경우에는 더욱 많이 설치합니다. 주차장, 마당 등 스테이 외부에는 CCTV를 설치할 수 있습니다. 다만 침실, 욕실, 거실 등 게스트의 사생활을 침해할 수 있는 내부에는 절대 설치할 수 없습니다. 외부에 CCTV를 설치하는 경우에도 이를 고지하는 안내문을 붙여 두고 스테이 설명에도 표기하여 게스트가 인지하게 하는 것이 좋습니다.

42 게스트가 스테이에 들어와서 궁금해할 만한 각종 기구의 사용 방법은 미리 메시지로 설명해 주는 것이 좋다.

정답 O 특별히 설명서를 읽지 않아도 사용하기 쉬운 제품은 설명서가 필요 없지만 특별한 사용법이 있는 제품은 미리 설명서를 보내 주면 게스트가 미리 읽어보고 사용할 수 있어 불편함을 줄일 수 있을 뿐 아니라 사용 방법을 호스트에게 물어보는 번거로움도 줄일 수 있습니다. 또한 오사용으로 인한 제품의 고장도 막을 수 있습니다. 라벨 테이프로 간단한 사용법을 붙여 두었는데 많은 게스트가 이것을 세심하게 여기고 편리했다는 반응을 보였습니다.

43 게스트가 체크아웃한 이후 물품이 파손되었거나 심하게 오염된 경우 가급적 사진을 찍어 두면 도움이 된다.

정답 O 게스트가 체크아웃한 뒤 스테이의 물품, 가구, 벽지 등이 훼손되거나 심하게 어지럽혀진 걸 발견하는 것은 매우 속상한 일입니다. 이때는 바로 청소하지 말고 그대로 둔 상태에서 사진 촬영을 하는 것을 권장합니다. 이후 게스트와 확인하면서 증거 자료로 활용할 수 있고, 보상이 필요한 경우 에어비앤비 고객센터를 통해 보상을 청구(에어커버AirCover)하는 데 필요합니다.

44 게스트의 이용으로 스테이에 피해가 발생한 경우 에어비앤비에 요청하면 50% 정도 보상받을 수 있다.

정답 X 최대 1백만 달러 내에서 보상받을 수 있습니다. 다만 에어비앤비를 통한 숙박이어야 하며, 체크아웃 후 14일 이내에 청구할 경우 에어커버 프로그램을 통해 1백만 달러의 손해보상이 제공됩니다. 2022년 5월 에어비앤비가 추가로 공개한 내용에 따르면, 게스트가 카펫에 레드 와인을 흘린 경우나 게스트가 데려온 고양이의 발톱이 커튼에 걸려 올이 나간 경우에도 보상받도록 보상 범위가 확대되었습니다. 반려동물에 의한 피해 보상, 게스트가 스테이 안에서 흡연하여 청소비가 발생할 경우, 게스트에 의한 스테이 손상으로 인해 확정된 에어비앤비 예약을 취소할 때의 손실 보장을 받을 수 있다고 합니다.

45 악성 게스트는 복불복이므로 호스트가 사전에 판단하거나 걸러낼 수 없다.

정답 X 제 경험에는 대부분의 게스트가 호스트와 스테이를 배려한다고 생각합니다. 호스트 커뮤니티 등을 보면 심심치 않게 악성 게스트를 만나서 고생하는 호스트의 사례가 올라옵니다. 사전에 이런 게스트를 알아보고 예약을 받지 않을 수 있다면 좋겠지만 이는 어려운 일입니다. 악성 게스트는 다음 몇 가지 특성이 있는 것 같지만, 사실 편견이 담길 것 같아 조심스럽네요. 다음의 경우는 조금 특이한 상황이므로 게스트와 충분히 이야기를 하거나 잘 고민하는 것이 좋습니다.

- 늦은 저녁에 예약해서 바로 체크인하려는 경우
- 다른 호스트로부터 받은 후기에 좋지 않은 내용이 있거나 평점(3점대)이 낮은 경우
- 프로필 사진이 사람이 아닌 만화 캐릭터나 사물인 경우
- 예약 요청 메시지를 정식으로 알아볼 수 있게 적지 않고 단어 위주로 매우 짧게 보내는 경우
- 매우 다양한 질문을 하거나 과도한 요구와 함께 예약 요청을 하는 경우
- 다른 스테이에서 느꼈던 불만으로 인해 옮기는 것이라며 이 스테이는 이런저런 문제가 없는지 문의하는 경우
- 에어비앤비 수수료가 비싸다며 현금 결제를 요청하는 경우(특히 일주일 이상의 장박의 경우)

46 매뉴얼에 이미 적혀 있다면, 체크아웃하기 전 간단한 청소, 정리를 해달라고 굳이 메시지를 보낼 필요는 없다.

정답 X 이미 매뉴얼에 적혀 있다 하더라도 게스트가 체크아웃하기 전에 한 번 더 안내하는 것이 좋습니다. 게스트는 예약 당시, 예약 후 한두 번에 걸쳐 스테이 매뉴얼을 접하게 됩니다. 다만, 게스트가 바쁘게 여행을 하거나 짐

돈이 되는 공간

을 정리하다 보면 본의 아니게 잊을 수 있습니다. 스테이에 쓰레기나 분리 수거를 해 놓는 규칙이 있다면 게스트가 체크아웃하기 전에 미리 인지해서 규칙을 잘 지킬 수 있도록 미리 알려 주는 것이 좋습니다. 저는 체크아웃 1시간 전인 오전 10시에 인사와 함께 체크 시간 및 정리가 필요한 사항들에 대해서 메시지를 보내고 있습니다. 이것도 시간 맞춰서 보내는 것이 어려우니 예약 전송 메시지를 활용하여 놓치지 않고 있습니다.

예약 관리

47 예약 요청이 들어오면 게스트가 누구인지 아는 것보다 최대한 빨리 수락하는 것이 중요하다.

정답 X 최대한 빨리 수락하는 것보다 어떤 게스트인지, 어떤 형태의 여행인지를 파악하는 것이 좋습니다. 수락은 24시간 이내에 하면 되고, 50%는 1시간 이내에 이뤄진다고 합니다. 심야나 새벽 시간이 아닌 경우 1~2시간은 검토하기에 충분한 시간이므로 예약을 받아도 좋을 만한 게스트인지 충분히 생각해 보고 수락해도 됩니다. 다만 24시간 안에 예약에 대해서 거절, 수락을 하지 않으면 호스트의 평가 기준인 수락률에 영향이 있으므로 시간 내에 결정하는 것이 필요합니다.

48 예약이 확정되면 게스트에게 간단한 인사와 함께 안내 메시지를 보내 주는 것이 좋다.

정답 O 예약이 확정되는 순간은 게스트의 신용카드 결제가 이뤄지는 순간

과도 같습니다. 또한 호스트에게는 향후 수입이 확정되는 순간입니다. 이때 감사 인사와 함께 향후에 등록된 예약 메시지 및 안내 일정이 있다면 간단하게 메시지를 보내 주는 게 좋습니다. 저의 경우엔 예약 확정 시, 감사 인사와 함께 체크인 정보는 언제, 맛집 정보는 언제 보내 준다고 간략히 소개하고 있습니다.

49 예약 대기 중인 게스트의 메시지나 후기가 내 마음에 들지 않으면 예약을 거절해도 괜찮다.

정답 O 호스트는 예약을 수락하거나 거절할 권리가 있습니다. 그렇기 때문에 서로 메시지를 보내는 과정을 거치고 후기를 남기는 것이죠. 이를 보고 마음이 들지 않는 경우 호스트는 예약을 거절할 수 있고, 거절해도 호스트에게 불이익이 주어지지 않습니다.

50 에어비앤비로 예약을 받지 않은 숙박이라도 에어비앤비 호스트로 한 번 등록되면 물품 파손이나 피해가 발생해도 보상받을 수 있다.

정답 X 에어비앤비는 호스트나 게스트의 피해가 발생한 경우 이를 보상하는 프로그램인 에어커버를 제공하고 있습니다. 다만 해당 예약은 에어비앤비를 통해 이뤄져야만 합니다. 에어커버 보상을 신청할 때, 어떤 예약인지부터 선택해서 청구 과정이 시작되므로 에어비앤비를 통하지 않은 예약은 보상 청구가 불가능합니다. 호스트는 이 점을 참고하는 것이 중요합니다.

51 에어비앤비 호스팅을 하며 게스트에게 받는 후기는 그다지 중요하지 않다.

정답 X 후기는 매우 중요합니다. 많은 게스트는 요금, 사진, 후기를 중요

돈이 되는 공간

구매 결정요인으로 봅니다. 따라서 좋은 후기와 평점을 많이 쌓는 것이 대단히 중요합니다. 심지어 후기는 서로 다른 국가의 사람들에게도 좋은 영향이 있습니다. 스탠퍼드 대학과 에어비앤비가 함께 연구한 바에 의하면, 동질 집단의 게스트와 호스트는 비동질 집단보다 훨씬 우호적이라고 합니다. 즉 같은 국가, 같은 인종, 같은 지역의 호스트는 그런 게스트를 더 신뢰한다는 것입니다. 그런데 후기가 10개 이상이면 비동질 집단이라 하더라도 그 신뢰도가 동질 집단보다 더 증가한다고 합니다. 처음 시작하는 스테이라면 우선 에어비앤비에 후기를 10개 이상 모으는 것이 유리하다고 생각합니다.

52 게스트가 스테이를 지저분하게 사용해도 후기를 좋게 쓰는 것이 나중을 위해서 좋다.

정답 X 많은 호스트분들이 게스트의 체크아웃 후의 모습이 마음에 들지 않아도 불안한 마음과 굳이 나쁘게 후기를 남길 필요가 있을까 싶은 마음에 후기를 좋은 쪽으로 남기는 경우가 있다고 들었습니다. 제 생각은 조금 다릅니다. 사람이 하는 일이니 호스트나 게스트도 실수할 수 있습니다. 다만 실수를 넘어 고의적으로 규칙을 지키지 않거나 스테이에 손해를 끼친 경우 그 내용을 평점과 후기에 남겨서 다른 호스트들이 참고하도록 하는 것이 좋다고 생각합니다. 제 편견일 수는 있지만 만점에 가까운 평점을 유지하며 에어비앤비를 10번 이상 이용한 게스트는 역시나 나간 자리가 마치 아무도 다녀가지 않은 것과 같았습니다. 물론 '돈을 내고 스테이를 이용하는 것인데 청소까지 해야 하나?'라는 의견도 있으며 이 의견도 존중합니다.

53 게스트가 후기를 남기지 않으면 후기를 요청하는 메시지를 보내서라도 받는 것이 좋다.

정답 O 한 개의 스테이를 운영하는 경우라면 가동률을 50%라고 가정하고 2박 3일씩 예약을 받을 경우 총 10개의 후기를 모으려면 최소한 두 달이 걸립니다. 따라서 예약마다 후기를 받는 것은 꽤 중요한 일입니다. 후기를 남겨달라고 정중하게 부탁하는 것은 호스트에게 꼭 필요한 것이며, 이를 위해 게스트마다 작은 선물을 주는 등 다양한 방법을 사용해 볼 수 있다고 생각합니다(강릉 마당집 호스트가 후기를 받기 위한 노하우는 '5장 시간 낭비 없이 효율적으로 시작하기'의 '후기 받기' 편(176p)에서 확인할 수 있습니다).

54 에어비앤비 메시지보다는 가급적 전화, 카카오톡, 문자를 이용하는 것이 좋다.

정답 X 가능하면 에어비앤비에 있는 메시지 기능을 이용해서 게스트와 의사소통하는 것이 좋습니다. 간혹 예약을 받은 이후에는 익숙한 카톡으로 연락을 이어가는 호스트들이 있는데, 그것이 잘못되었다고 볼 수는 없습니다. 다만, 카톡은 에어비앤비 프로필 이외의 개인 정보가 노출될 수 있을 뿐 아니라 불의의 피해가 발생했을 경우 고객센터에서 카톡 메시지를 참고할 수 없게 됩니다. 또한 예약 전송 메시지나 빠른 전송 등을 설정한 경우 카톡과 함께 사용하면 불편하므로 커뮤니케이션은 일관되게 에어비앤비 메시지를 통해서 하는 것을 추천합니다.

돈이 되는 공간

55 게스트가 먼저 물어보기 전에는 굳이 메시지를 보내지 않는 것이 좋다.

정답 X 게스트의 온전한 휴식을 위해서 메시지를 먼저 보내지 않는 것은 좋은 배려라고 생각합니다. 저도 게스트님에게 특별한 일이 없을 때는 메시지를 보내지 않습니다. 다만, 스테이의 특성상 야외 스트링 라이트 전구를 켜거나 에탄올 화로를 켜는 첫날 저녁 6시경에는 미리 준비된 예약 전송 메시지를 보내서 사용 방법을 알려드립니다. 또한 이튿날 아침 9시에는 밤에 불편함은 없었는지 안부를 묻는 메시지를 보내 호스트가 게스트를 신경 쓰고 보살피고 있다는 느낌을 주려고 합니다. 이에 대해 게스트도 좋은 경험이었다는 피드백을 주는 경우도 있습니다.

56 정해진 시간에 자동 발송되는 예약 전송 메시지는 성의가 없으므로 매번 직접 작성해서 보내는 것이 좋다.

정답 X 예약 전송 메시지와 수동으로 작성하는 메시지를 병행하는 것이 좋습니다. 예약 전송 메시지를 사용하는 가장 큰 이유는 적절한 시점에 미리 작성된 메시지를 보낼 수 있다는 것입니다. 매번 작성해서 보내는 것이 성의 없이 느껴진다고 생각할 수 있지만 그렇지 않습니다. 오히려 예약 전송 메시지는 게스트 이름, 숙박 기간, 각종 매뉴얼 등을 불러와서 작성할 수 있기 때문에 맞춤 메시지를 상세하게 보내 줄 수 있는 강력한 기능이므로 반드시 사용해야만 합니다. 저는 예약 확정 시점부터 체크아웃 이후 14일까지 약 10개의 예약 전송 메시지를 등록하여 사용 중입니다. 예약 전송 메시지는 편리할 뿐 아니라 스테이 관리 측면에서도 유리합니다. 게스트가 체크아웃하는 날 한 시간 정도 먼저 정리해야 힐 사항들을 보내 준다면 대부분의 게스트는 이를 참고해서 규칙을 잘 지켜 줍니다. 매번 기억해서 적절한 타이밍에 보내는 것은 놓칠 가능성이 매우 높을 뿐 아니라 비효율적입니다. 반드시 예약 전송 메시지를 사용하시기 바랍니다.

57 호스트 기능에는 쓰레기 배출 및 분리수거 방법, 와이파이 비밀번호 등 자주 사용하는 메시지를 저장해 두고 편리하게 보내는 기능이 있다.

정답 O 에어비앤비는 빠른 답변 기능을 제공합니다. 자주 묻는 질문에 대한 답변을 미리 기록해 두고 게스트가 물어볼 때, 신속하면서 상세하게 보낼 수 있는 기능입니다. 저는 답변분 아니라 게스트에게 물어볼 때의 문구도 자주 사용하는 문구가 있다는 걸 발견하고 빠른 답변 기능에 등록하여 사용하고 있습니다. '체크인은 잘 하셨는지, 간단하게 메시지를 보내 주세요' '불편함이 있다면 언제든지 메시지를 보내 주세요' 등의 메시지를 여러 개 등록하여 활용하고 있습니다. 빠른 답변을 이용하면 빠르고 편리하면서도, 미리 등록한 친절하고 정중한 메시지를 보낼 수 있기 때문에 효율적이라고 생각합니다.

수수료, 정산

58 숙박 대금은 게스트가 체크아웃한 후 지급 및 입금된다.

정답 X 숙박 대금은 페이팔, 계좌 입금 등 몇 가지 방법으로 수령할 수 있습니다. 게스트가 7박 8일 예약을 하고 14일 후 체크인을 했다고 가정하면 게스트는 21일 후에 체크아웃을 한 게 됩니다. 이때 정산을 받는 것이 아닌, 게스트가 체크인하는 날 정산된다는 메일을 받게 되고 보통 하루나 이틀 후에 실제 통장으로 입금됩니다. 게스트가 30일짜리 예약을 했을 때도 마찬가지입니다. 아직 게스트가 머무르고 있다고 해도 체크인 첫날 대금 정산 알림이 오고 은행 운영시간을 감안해 하루 또는 이틀 내 입금됩니다. 입금 시에는 숙박 내역은 나오지 않고 입금처 및 금액만 표기되므로 자신의 결제 내역을 찾아서 금액과 대조해 보는 것이 필요합니다.

59 게스트가 추가 서비스 바비큐나 추가 침구 등을 이용했을 경우에 에어비앤비 앱에서는 추가 요금을 요청하는 기능이 없으므로 따로 통장 등으로 입금받아야 한다.

정답 X   에어비앤비는 '지급' '지급 요청' 기능이 있습니다. 이미 예약 완료된 게스트나 체크아웃한 게스트라도 특별한 이유에 대한 지급 또는 지급 요청을 할 수 있습니다. 호스트가 게스트에게 환불을 해 줘야 할 경우 '지급'을, 바비큐나 추가 시설 이용 및 추가 침구 이용 등의 추가 금액을 요청할 경우 '지급 요청'을 할 수 있습니다. 이는 게스트에게 전달되고 이를 수락하면 게스트가 지급받거나 추가로 지급해 줄 수 있습니다. 게스트에게 지급한 경우 호스트가 직접 송금하는 방식은 아니며, 에어비앤비가 먼저 지급한 뒤 추후 발생하는 호스팅 예약 금액에서 해당 금액을 차감하는 방식으로 이뤄집니다. 물론 이미 에어비앤비를 통해서 결제와 예약이 이뤄졌기 때문에 일부 추가 금액이 발생한다면 게스트로부터 계좌로 직접 입금 받는 방법도 나쓰지는 않습니다. 다만 카드 결제를 선호는 게스트는 에어비앤비의 지급 요청이 편리하게 느껴질 수 있습니다.

60 수수료가 부담된다며 게스트가 통장으로 직접 입금한다고 할 경우 서로 수수료를 아낄 수 있으므로 그렇게 하는 것이 좋다.

정답 X 인스타그램이나 에어비앤비 메시지를 통해서 많이 받는 질문입니다. 게스트가 부담하는 수수료가 약 14%에 해당하므로 숙박 기간이 길어질수록 게스트가 부담하는 수수료가 커지니 그런 문의를 하는 것은 자연스럽다고 생각합니다. 다만 앞에서도 많이 강조한 것처럼 에어비앤비 외의 방법으로 예약한 다음과 같은 상황을 고려하고 감안해야 합니다.

· 게스트는 수수료 14%를, 호스트 수수수료 3%를 내지 않아도 된다.

· 물품 파손 등의 사고가 있을 경우 에어비앤비에 보상을 요청할 수 없다.

· 예약이 에어비앤비에서 이뤄지지 않았기 때문에 그 예약은 후기를 받을 수 없다.

홍보 / 프로모션

61 인스타그램 등 부가 홍보 채널을 운영하면 도움이 된다.

정답 O 많은 스테이들이 인스타그램을 운영합니다. 스테이는 사진으로 보이는 측면이 중요하기 때문에 인스타그램에 홍보하기 적절한 부분이 있습니다. 팔로워가 수만 명인 인플루언서를 동원해 스테이를 체험하게 하고 후기를 인스타그램에 올려서 홍보하는 경우도 많습니다. 이런 식으로 자신의 스테이를 대상화하여 인스타그램을 개설하고 사진과 이야기를 하나하나 쌓아 나가는 것은 홍보에 도움이 됩니다. 또한 에어비앤비만으로 부족한 고객 유입도 보완할 수 있습니다. 다만 인스타그램 같은 SNS 운영은 꾸준하게 콘텐츠를 생산하고 소통하는 것이 중요하므로 적지 않은 에너지가 들어갑니다. 초반에 의욕적으로 시작하더라도 1년, 2년이 지나면서까지 비슷한 열정을 유지하는 것은 매우 어렵습니다. 일전에 대화를 나눠 본 유명 스테이 큐레이션 플랫폼 회사의 임원은 호스트들의 열정적인 자기 홍보가 딱 2년 간다는 이야기를 하기도 했습니다. 따라서 주당 1~2회 게시물 업로드, 팔로우 등 꾸준히 할 수 있는 목표를 세워 두는 것이 좋습니다.

62 호스트가 원하는 날짜를 지정해 원하는 할인율을 적용하는 프로모션 운영을 하는 기능이 있다.

정답 O 보통 스테이는 주말, 휴일 전후로 먼저 예약이 차고 주중에는 그다음에 차는 경우가 많습니다. 또한 성수기와 비수기가 뚜렷한 경우가 많습니다. 예약이 차지 않는 상태를 공실이라고 하며 공실이 많아질수록 수익은 줄어들게 됩니다. 가만히 있어도 임대료가 빠져나가는 경우는 더욱 그렇습니다. 이럴 때 사용할 수 있는 기능이 프로모션입니다. 프로모션은 호스트가 원하는 대로 설정할 수 있는 기간 할인 기능입니다. 달력에서 기간과 할인율을 설정하면 손쉽게 완료되며, 할인율에 따라 게스트에게는 노출되는 정보가 달라집니다.

· 호스트가 원하는 일정, 할인율로 여러 개의 프로모션을 자유롭게 설정 가

능하다.

- 할인율은 10~50%까지 설정 가능하다.

- 프로모션 설정 시, 〈₩200,000 → ₩ 180,000〉과 같이 할인 요금이 강조 표기된다.

- 할인율이 20% 이상이 되면 에어비앤비에서 게스트에게 보내는 이메일에 게재된다.

63 신규 오픈 스테이 대상으로 권장되는 신규 오픈 할인 프로모션은 도움이 되지 않으니 삭제하는 것이 좋다.

정답 X 에어비앤비 스테이는 초기 오픈 시 일정 기간 동안 '신규 등록 스테이'로 상위 노출을 지원받습니다(골든 타임). 플랫폼에서는 잘 되는 스테이만 잘 되기 때문에 신규 스테이에게도 기회를 주기 위함입니다. 많은 호스트가 이 기회를 살리지 못해 플랫폼 효과를 보지 못합니다. 많은 호스트가 이 기회에 '내가 원하는 숙박비를 고수'하며 별다른 테스트를 하지 않아 상위 노출, 초반 리뷰 확보 등의 소중한 기회를 놓쳐버립니다. 스테이 오픈 직전~오픈 직후가 정말 중요합니다. 예를 들어, 호스트는 스테이 오픈 초기에 예약 3건에 대해서 오픈 프로모션을 제안받게 되는데 처음에는 이 기능을 사용하는 것이 좋습니다.

정답을 맞춘 개수를 세어 보세요. 몇 개인가요!

63개 **(100%)**	저는 만점자가 나올 거라고 예상하지 못했습니다. 당신이 누구인지 알려 주세요!
57개 이상 **(90%)**	당신은 이제 곧 슈퍼호스트! 축하드립니다. 많이 알고 있군요.
51개 이상 **(80%)**	우등생 호스트! 이제 예약을 받기 위한 준비를 차근차근 진행해 보세요.
45개 이상 **(70%)**	이만하면 훌륭한 호스트! 예약을 받으면서 보완하면 좋을 듯합니다.
38개 이상 **(60%)**	좀 더 공부가 필요한 호스트! 이 책을 한 번만 더 정독하신다면, 곧 훌륭한 호스트가 되실 거예요.
32개 이하 **(50% 이하)**	걱정마세요! 이 책을 잘 읽으면 문제 없습니다.

호스팅을 하며 궁금한 내용이 있는 경우 www.airbnb.co.kr/r/koreahost에 방문하시거나 하단의 QR 코드를 스마트폰 카메라로 촬영하시면 앰배서더 공식 무료 코칭 페이지로 연결되어 1:1로 상담받으실 수 있습니다.

또는 airbnbhost.shop@gmail.com으로 문의 주시면 최대한 답변해드립니다.

맺음말

사랑하면 뭐든지
될 수 있는 모양입니다

언젠가 셋째를 낳고 강릉에 내려가서 부동산 문을 열지 않았다면 강릉 마당집도 수백 번의 호스팅과 리뷰를 받은 16분기 연속 슈퍼호스트도, 1200명을 코칭한 앰배서더도, 그리고 한국 최초 호스팅 자문위원이 되는 일도 없었을 것입니다. 지금 생각하면 부동산 문을 연 날로부터 이 모든 것이 시작된 것 같습니다.

저는 에어비앤비 서비스와 브랜드 그곳의 사람들이 일하는 모습을 좋아하고 사랑합니다. 제 지인들은 제가 하나하나 경험과 지경을 넓혀 가는 것을 보면서 신기하고 대단하다고 합니다. 이렇게 진심으로 좋아하고 사랑하면 이렇게까지 될 수 있는 모양입니다.

에어비앤비가 최근 발표한 숙박업 합법화를 위한 선제적 대응 결정은 에어비앤비 코리아가 활동한 10년간 가장 큰 뉴스라는 생각이 들었습니다. 스테이의 수십 퍼센트가 없어질 수도 있지만 용단을 내렸다고 생각합니다. 한국의 이 놀라운 소식을 동료인 외국 자문위원에게 전하니, "나는 당신이 이것이 옳은 결정이 될 거라고 믿기를 바란다"고 합니다. 글로벌 친구들은 이미 무엇이 옳은지 알고 있는 모양입니다.

옳은 것, 지속 가능한 것, 신뢰를 추구하는 것. 저는 늘 에어비앤비를 보면서 배웁니다. 호스트로서, 앰배서더와 커뮤니티 리더, 자문위원으로서 이번에 에어비앤비에게 주어진 문제와 위기를 극복하기를 진심으로 바라고 또 믿습니다.

첫 책을 낸 것도 멋진 일이었는데 개정판을 써보자 이끌어주신 파지트 송준기 대표님, 윤소연 님께 감사합니다. 여전히 제 최고의 파트너 최화자 님께도 감사드리며 병환을 훌훌 털어내시길 아내와 매일 기도합니다. 더욱 바빠진 저를 대신해 가정의 모든 일을 도맡아하는 아내 장혜승과 이 책의 모든 이야기가 있게 한 저의 보물 용후, 용제, 용준 그리고 부모님께도 감사합니다.